RUDÎ

Read Chinese with Ms. Su

跟苏博士读中文

Series I

Chinese Texts with Extensive Annotation

详解版

Subseries A

Literature from the Republican Period

民国系列

Volume 2

Lu Xun

Hometown

in simplified and traditional Chinese,
with pinyin and other useful information
for self-study

RUDI Pulishing House

Lu Xun's »Hometown«

in simplified and traditional Chinese, with pinyin and other useful information for self-study

Commentary & Graphic design: Xiaoqin Su
(su@rudi-publishing.de)
Proof-reading: Stephan Wood

Düsseldorf 2017
www.rudi-publishing.de
ISBN: 978-3-946611-12-7

Foreword

The books in the collection »***Read Chinese with Ms. Su***« are aimed at advanced Chinese learners who are in the process of reading longer texts on their own. The collection is divided into three series.

The texts *in the first series* each have approx. 5000 characters (汉字), which are initially reproduced in the book in **large font size** and with **pinyin**. The **word boundaries,** which are normally omitted in a Chinese text, are indicated. Below the text line you will find **explanations** on word meaning, grammar, etc.; at the right margin of the page you will find a **summary of the paragraph**.

On the left pages of the book, the same text is printed in **traditional Chinese characters** (繁體字), so that those who have learned simplified Chinese will quickly be able to understand the traditional characters with a little practice and vice versa.

At the end of the book, the texts are reproduced in **normal print**, i. e. in smaller font size, without any other information, as they would be found in a book from mainland China or Taiwan.

The books *in the second series* are structured similarly, with the difference that the explanations below the text line are limited to the meanings of the words. The texts have about 15,000 characters each.

The texts *in the third series* then have about 45,000 characters per book. They are only played back with pinyin. The 繁體字 are at the left side of the book as usual. The texts are in a font size that is only slightly larger than normal print.

The selected texts from the collection »*Read Chinese with Ms. Su*« are both modern classics (i. e. literature from the Republican Period) and contemporary literary texts. I have tried to include one and the same author in all three series so that further reading is possible.

To be able to work with the book, it would be ideal if you have learned the most important points of Chinese grammar and know how to use a Chinese dictionary. If you have only used bilingual dictionaries so far, you should now use a Chinese dictionary in which the meanings of words are explained in Chinese. Make sure that you have sample sentences when purchasing such a dictionary. Those prefer digital reference works are well served with the excellent online dictionary 汉典 www.zdic.net

Have fun reading it!

Ms. Su

Use of the book

The pinyin information is above the text line as usual.

pinyin

The word boundaries missing in the Chinese script are indicated in the text line by subscript dots . or subscript parentheses ( ), such as (中国.人). The round brackets indicate that the word in question is composed of the parts separated by the dot. For example, the word (中国.人) with the meaning "Chinese" is formed by 中国 (China) and 人 (human). In such cases, it is often a question of so-called productive word formation, compare (德国.人) (German).

word boundaries are indicated by . or ( )

In the text line, parts of sentences (phrases), which are somewhat more difficult to recognize, are marked by pointed brackets ⟨ ⟩ or curly braces { }. When both types of brackets are used at the same time, the parts marked with { } are always larger than the parts between ⟨ ⟩.

⟨ ⟩ and { } clasp larger sentence elements

Below the text line, you will find further useful information. Indications in square brackets [ ] are grammatical or other remarks. I focus on the occurrence of verbs. Information without parentheses refers to word meanings or alternative expressions in Chinese, and words omitted in the text are occasionally placed between parentheses ( ) below the appropriate place.

annotations below the text line

focus on the verbs

On the right-hand side of the page, you will find keyword-based information about the paragraph or background information for the relevant position. These should serve as an orientation for reading.

notes to the paragraph

Notations and Abbreviations

Word boundary markers

by .　　such as 这.少年.便.是.闰土。(proper name underlined)

by (.)　　indicate that they are "compound words", such as (回.到), (二.十)

Phrase markers

by ⟨⟩　　such as ⟨(二.十)余.年⟩

by {}　　such as {相隔⟨(二.千)余.里⟩, ⟨别.了⟩⟨(二.十)余.年⟩的}, where the phrase marked by {} is always greater than the part marked by ⟨⟩

Abbreviations

pred	predicate
pred_{mc}	predicate of the main clause
pred_{sc}	predicate of the subordinate clause
subj	subject
subj_{mc}	subject of the main clause
subj_{sc}	subject of the subordinate clause
连动式	(lián dòng shì) serial verb construction
兼语式	(jiān yǔ shì) pivotal sentence

Table of contents

About Lu Xun and the text

Lǔ Xùn (鲁迅) was born in 1881 into a family of scholars and civil servants in Shaoxing, Eastern China. When he published the short story *Hometown* in 1921, he was living and working in Beijing, "more than two thousand Lǐ away" from his hometown. He died in Shanghai in 1936. Lu Xun enjoyed an early childhood education in the Chinese classics, but wrote in a near-colloquial style, which left a lasting mark on modern Chinese. His texts are considered canonical and have been included in the Chinese textbooks for primary and secondary schools in mainland China. School children must learn parts of it by heart (see p. 9). Some of the formulations from his works have become a commonplace in China (see p. 47).

Lu Xun was a ruthless critic of ancient China. His writings are still up to date and are often used to comment on or criticize events in China today. Lu Xun was considered a leftist, but he did not join the Communist Party.

In the autobiographical narrative 《故乡》, which you will soon read, Lu Xun created two literary figures, namely the farmer's son Runtu and the "Tofu Beauty" Madame Yang, which belong to the Chinese cultural memory. Just like Kong Yiji, Xianglin's wife, Ah Q or Mama Chang, which also originated from his pen (see series II and series III of the collection). They are simple people, more precisely, from the cultural area of the Yangtze River Delta, from which the author came.

In《故乡》the first-person narrator visits his hometown to dissolve the household of his now impoverished family. He was in a sad mood, partly because the homeland he had left more than twenty years ago was no longer that of his childhood. His friend Runtu, the radiant hero of his childhood, who now addressed him with "my master", suffered from hunger and the turmoil of war. Nevertheless, there should be hope. At least that is what the first-person narrator wishes for at the end of his journey.

《故乡》is a particularly lovingly told story of Lu Xun. The style is unusually gentle for this sharp-tongued critic. Compared to his socio-critical writings such as the non-fictional *Mr. Fujino* (藤野先生, also published in this series), the construction of the sentences is more simple und fluid. This is typical of Lu Xun when he writes about the landscape and the people of his homeland.

鲁迅

故乡

(1921)

故鄉

我冒了嚴寒，回到相隔二千餘裏，別了二十餘年的故鄉去。

時候既然是深冬；漸近故鄉時，天氣又陰晦了，冷風吹進船艙中，嗚嗚地響，從蓬隙向外一望，蒼黃的天底下，遠近橫着幾個蕭索的荒村，沒有一些活氣。我的心禁不住悲涼起來了。

啊！這不是我二十年來時時記得的故鄉？

我所記得的故鄉全不如此。我的故鄉好得多了。但要我記起他的美麗，說出他的佳處來，卻又沒有影像，沒有言辭了。彷彿也就如此。於是我自己解釋說：故鄉

gù xiāng
故乡

wǒ mào le yán hán huí dào xiāng gé èr qiān yú lǐ bié
我⟨冒.了⟩严寒，(回.到){相隔⟨(二.千)余.里⟩，⟨别.
[subj] [pred] [pred] [VERB] [VERB]

le èr shí yú nián de gù xiāng qù
了⟩⟨(二.十)余.年⟩的}故乡.去。

The first-person narrator returned to his hometown after more than 20 years.

shí hou jì rán shì shēn dōng jiàn jìn gù xiāng shí tiān qì
时候.既然.是(深.冬)；渐.近.故乡.时.，天气.
[subj] [pred] (我) 逐渐[pred] [subj]

yòu yīn huì le lěng fēng chuī jìn chuán cāng zhōng wū wū de xiǎng
又.阴晦.了，(冷风)(吹进)(船.舱)中.，⟨(呜.呜)地⟩响.，
[pred] [subj] [pred] [VERB]

cóng péng xì xiàng wài yí wàng cāng huáng de tiān dǐ xia yuǎn jìn héng
⟨从(蓬.隙)(向.外)一.望.，⟨(苍.黄)的.天底下⟩，(远.近)⟨横.
(我) (船篷.缝隙) [pred] ⟨subj⟩ [pred]

zhe jǐ gè xiāo suǒ de huāng cūn méi yǒu yì xiē huó qì wǒ de
着⟩{几.个⟨萧索.的(荒.村)⟩}，没有.一.些.活.气.。⟨我.的.
[pred]

xīn jīn bu zhù bēi liáng qǐ lai le
心⟩(禁.不住)悲凉.起.来.了。
⟨subj⟩ [pred] [VERB]

It was a deep winter and cloudy weather.

The landscape the narrator saw from his boat made him even sadder.

à zhè bú shì wǒ èr shí nián lái shí shí jì de de gù
啊.！这.不.是{我⟨二.十.年⟩来(时.时)记得.的.故
[subj] [pred] [VERB]

xiāng
乡}？

The homeland he carries in his memory…

wǒ suǒ jì de de gù xiāng quán bù rú cǐ wǒ de gù xiāng
{⟨我.所.记得.的⟩故乡}全.不.如.此.。⟨我.的.故乡⟩
[VERB] {subj} (是)[pred] ⟨subj⟩

hǎo de duō le dàn yāo wǒ jì qǐ tā de měi lì shuō chū tā
好⟨得.多.了⟩。但要.我{(记.起)⟨他*.的.美丽⟩，(说.出)⟨他.
[pred] [pred][MODALVERB] [VERB] 她 [VERB] 她

de jiā chù lái què yòu méi yǒu yǐng xiàng méi yǒu yán cí le
的.佳.处⟩}来.，却.又.没有.影像.，没有.言辞.了.。
(我) [pred] [pred]

fǎng fú yě jiù rú cǐ yú shì wǒ zì jǐ jiě shì shuō gù xiāng
仿佛.也.就.如.此.。于是.我.自己(解.释.说)：故乡.
(是) [subj] [pred] [subj]

… was more beautiful.

*The distinction between 他, 她 and 它 in written Chinese emerged later.

本也如此，——雖然沒有進步，也未必有如我所感的悲涼，這只是我自己心情的改變罷了，因為我這次回鄉，本沒有什麼好心緒。

我這次是專為了別他而來的。我們多年聚族而居的老屋，已經公同賣給別姓了，交屋的期限，只在本年，所以必須趕在正月初一以前，永別了熟識的老屋，而且遠離了熟識的故鄉，搬家到我在謀食的異地去。

第二日清早晨我到了我家的門口了。瓦楞上許多枯草的斷莖當風抖着，正在說明這老屋難免易主的原因。幾房的本家大約已經搬走了，所以很寂靜。我到了自家

běn yě rú cǐ　——　suī rán méi yǒu jìn bù　yě wèi bì yǒu
本也如此，——虽然没有进步，也未必有
[pred]　[pred]

rú wǒ suǒ gǎn de bēi liáng　zhè zhǐ shì wǒ zì jǐ xīn qíng de gǎi
{‹如我所感›的悲凉}，这只是{‹我自己心情›的改
[VERB]　[pred]

biàn bà le　yīn wèi wǒ zhè cì huí xiāng　běn méi yǒu shén me hǎo
变}罢了，因为我(这次)(回乡)，本没有什么‹好
[subj]　[pred]　[pred]

xīn xù
心绪›。

The first-person narrator tried to explain this by his bad mood.

wǒ zhè cì shì zhuān wèi le bié tā ér lái de　wǒ men duō
我这次是专{为了‹别他›}而来的。{我们(多
[subj]　是… 专门　[VERB] 告别　[pred]…的

nián jù zú ér jū de lǎo wū　yǐ jīng gōng tóng mài gěi bié xìng le
年)‹聚族而居›的(老屋)}，已经公同(卖给)(别姓)了，
[VERB] 聚集　[VERB] 居住　{subj}　一起　[pred]

jiāo wū de qī xiàn　zhǐ zài běn nián　suǒ yǐ bì xū gǎn zài zhēng
{‹交屋›的期限}，只在(本年)，所以必须{(赶在)‹正
[VERB]　{subj}　[pred]　今年　(我们)[pred]　[VERB]

yuè chū yī yǐ qián　yǒng bié le shú shi de lǎo wū　ér qiě yuǎn
月(初一)以前›，‹永别了›‹熟识的老屋›，而且(远
[VERB]　[VERB]　[VERB]

lí le shú shi de gù xiāng　bān jiā dào wǒ zài móu shí de yì dì
离)了‹熟识的故乡›，(搬家)到‹我在谋食的(异地)›
[VERB]　[VERB]　[VERB]

qù
去}。

The reason for his return was the dissolution of the family domicile.

dì èr rì qīng zǎo chén wǒ dào le　wǒ jiā de mén kǒu le
{‹第二日›清早晨}我‹到了›{‹我家›的(门口)}了。
清晨/清早　[subj]　[pred]

wǎ léng shǎng xǔ duō kū cǎo de duàn jīng dāng fēng dǒu zhe　zhèng zài shuō
{‹(瓦楞)上›‹许多(枯草)›的断茎}‹当风›‹抖着›，正在说
{subj} 面对着　[pred]　[pred]

míng zhè lǎo wū nán miǎn yì zhǔ de yuán yīn　jǐ fáng de běn jiā dà
明{‹这老屋难免易主›的原因}。‹几房的本家›大
[VERB] 换　‹subj›

yuē yǐ jīng bān zǒu le　suǒ yǐ hěn jì jìng　wǒ dào le zì jiā
约已经(搬走)了，所以很寂静。我‹到了›‹(自家)
[pred]　(屋里)　[pred]　[subj]　[pred]

He arrived early the next day.

The old house looked empty and rundown.

的房外，我的母親早已迎着出來了，接着便飛出了八歲的侄兒宏兒。

我的母親很高興，但也藏着許多凄涼的神情，教我坐下，歇息，喝茶，且不談搬家的事。宏兒沒有見過我，遠遠地對面站着只是看。

但我們終於談到搬家的事。我說外間的寓所已經租定了，又買了幾件傢具，此外須將家裏所有的木器賣去，再去增添。母親也說好，而且行李也略已齊集，木器不便搬運的，也小半賣去了，只是收不起錢來。

“你休息一兩天，去拜望親戚本家一回，我們便可以走了。”母親說。

de fáng wài wǒ de mǔ qin zǎo yǐ yíng zhe chū lái le jiē zhe
的(房外)），〈我的母亲〉早已〈迎着〉出来了，接着
〈subj〉 [VERB] [pred]

biàn fēi chū le bā suì de zhí ér hóng er
便(飞出)了{〈八岁的侄儿〉宏儿}。
[pred] {subj}

His mother and his little nephew welcomed him.

wǒ de mǔ qin hěn gāo xìng dàn yě cáng zhe xǔ duō qī liáng
〈我的母亲〉很高兴，但也〈藏着〉许多〈凄凉
〈subj〉 [pred] (脸上) [pred]

de shén qíng jiào wǒ zuò xia xiē xi hē chá qiě bù tán
的神情〉，教我{(坐下)，歇息，〈喝茶〉，且不谈
叫[兼语式] [VERB] 休息 [VERB] [VERB]

bān jiā de shì hóng er méi yǒu jiàn guo wǒ yuǎn yuǎn de duì miàn
〈(搬家)的事〉}。宏儿没有〈见过〉我，〈(远远)地〉对面
[VERB] [subj] [pred] (在)

zhàn zhe zhǐ shi kàn
〈站着〉只是看。
[VERB] [pred]

The mother was pleased, but avoided talking about the move.

The nephew was shy with strangers.

dàn wǒ men zhōng yú tán dào bān jiā de shì wǒ shuō wài jiān
但我们终于(谈到)〈搬家的事〉。我说{〈外间
[subj] [pred] [subj] [pred]$_{mc}$ 外面

de yù suǒ yǐ jīng zū dìng le yòu mǎi le jǐ jiàn jiā jù cǐ
的寓所〉已经〈(租定)了〉，又〈买了〉〈几件家具〉，此
〈subj〉 [pred] (我) [pred]

wài xū jiāng jiā lǐ suǒ yǒu de mù qì mài qù zài qù zēng tiān
外须将〈家里所有的木器〉卖去，再去增添}。
[pred] [VERB]卖掉 [VERB]添置

mǔ qin yě shuō hǎo ér qiě xíng li yě lüè yǐ qí jí mù qì
母亲也说{好，而且行李也略已齐集，〈木器
[subj]$_{mc}$ [pred]$_{mc}$ [subj] [pred] [preceded]

bú biàn bān yùn de yě xiǎo bàn mài qù le zhǐ shì shōu bù qǐ
不便搬运的〉，也(小半)卖去了，只是(收不起)
[VERB] 〈subj〉 [pred] [pred]

qián lái
钱来}。
[subj]

They did talk about the move and the dissolution of the household.

nǐ xiū xi yì liǎng tiān qù bài wàng qīn qi běn jiā yì huí
“你休息〈一两天〉，去{拜望〈亲戚本家〉(一回)}，
[subj] [pred] [pred] [VERB] (和)

wǒ men biàn kě yǐ zǒu le mǔ qin shuō
我们便可以走了。”母亲说。
[subj] [pred] [VERB] [subj]$_{mc}$ [pred]$_{mc}$

There were only a few days left before they had to leave.

“是的。”

“還有閏土，他每到我家來時，總問起你，很想見你一回面。我已經將你到家的大約日期通知他，他也許就要來了。”

這時候，我的腦裏忽然閃出一幅神異的圖畫來：深藍的天空中掛着一輪金黃的圓月，下面是海邊的沙地，都種着一望無際的碧綠的西瓜，其間有一個十一二歲的少年，項帶銀圈，手捏一柄鋼叉，向一匹猹儘力地刺去，那猹卻將身一扭，反從他的胯下逃走了。

這少年便是閏土。我認識他時，也不過十多歲，離現在將有三十年了；那時我的父親還在世，家景也好，我正是一個少

shì de
“是的。”
好的

hái yǒu rùn tǔ tā měi dào wǒ jiā lái shí zǒng wèn qǐ
“还有闰土，他每到‹我家›来时，总(问起)
[pred] [subj] [pred] [pred]

nǐ hěn xiǎng jiàn nǐ yì huí miàn wǒ yǐ jīng jiāng nǐ dào jiā de
你，很想‹见你一回面›。我已经{将‹你到家的›
[pred] [VERB] [subj] 把 [VERB]

dà yuē rì qī tōng zhī tā tā yě xǔ jiù yào lái le
大约日期}通知他，他也许就要来了。”
[pred] [subj] [pred] [VERB]

The mother told the first-person narrator that his childhood friend Runtu would come to visit.

zhè shí hòu wǒ de nǎo lǐ hū rán shǎn chū yì fú shén yì
(这时候)，{‹我的脑›里}忽然(闪出)‹一幅神异
{subj} [pred]

de tú huà lái shēn lán de tiān kōng zhōng guà zhe yì lún jīn huáng de
的图画›来：{‹(深蓝)的天空›中}‹挂着›‹一轮(金黄)的
{subj} [pred]

yuán yuè xià mian shì hǎi biān de shā dì dōu zhòng zhe yí wàng wú
(圆月)››，下面是‹‹海边的(沙地)››，都‹种着›‹‹一望无
[subj] [pred] [pred]

jì de bì lǜ de xī guā qí jiān yǒu yí gè shí yī èr suì de
际)的(碧绿)的西瓜›，(其间)有{一个‹十一二岁›的
[pred]

shào nián xiàng dài yín quān shǒu niē yì bǐng gāng chā xiàng yì pǐ
少年}，项带(银圈)，手捏‹一柄(钢叉)››，{向‹一匹
(他) 脖子 [pred] 手里 [pred]

chá jìn lì de cì qù nā chá què jiāng shēn yì niǔ fǎn cóng tā
猹*›‹尽力地›(刺去)，‹那猹›却‹将身›一扭，反{从‹他
[pred] ‹subj› 把身子 [pred] 反而

de kuà xià táo zǒu le
的(胯下)››}(逃走)了。
[pred]

✎ The description of the young Runtu is considered one of the highlights of the Chinese literature. Many school-children in China had to learn this passage by heart.

*猹: probably a badger (*Meles leucurus*)

zhè shào nián biàn shì rùn tǔ wǒ rèn shi tā shí yě bú
‹这少年›便是闰土。‹我认识他›时，也不
‹subj› [pred] [subj] [pred]

guò shí duō suì lí xiàn zài jiāng yǒu sān shí nián le nà shí wǒ
过‹十多岁›，离现在将有‹三十年›了；(那时)‹我
(那时)[pred] [VERB]

de fù qin huán zài shì jiā jǐng yě hǎo wǒ zhèng shì yí gè shào
的父亲›还在世，家景也好，我正是‹一个(少
‹subj› [pred] [subj] [pred] [subj] [pred]

When the first-person narrator met Runtu 30 years before, the family was still prosperous.

爺。那一年，我家是一件大祭祀的值年。這祭祀，說是三十多年纔能輪到一回，所以很鄭重；正月裏供祖像，供品很多，祭器很講究，拜的人也很多，祭器也很要防偷去。我家只有一個忙月（我們這裏給人做工的分三種：整年給一定人家做工的叫長工；按日給人做工的叫短工；自己也種地，只在過年過節以及收租時候來給一定人家做工的稱忙月），忙不過來，他便對父親說，可以叫他的兒子閏土來管祭器的。

我的父親允許了；我也很高興，因為我早聽到閏土這名字，而且知道他和我彷彿年紀，閏月生的，五行缺土，所以他的父親叫他閏土。他是能裝弶捉小鳥雀的。

ye nà yì nián wǒ jiā shì yí jiàn dà jì sì de zhí nián
爷〉。〈那一年〉，〈我家〉是{〈一件大祭祀〉的(值年)}。
〈subj〉 (在) [pred] 当值班的年分

zhè jì sì shuō shi sān shí duō nián cái néng lún dào yì huí suǒ
〈这祭祀〉，(说是)* {〈三十多年〉才能(轮到)〈一回〉}，所
〈subj〉 [pred] [VERB] [VERB]

yǐ hěn zhèng zhòng zhēng yuè lǐ gòng zǔ xiàng gòng pǐn hěn duō jì
以很郑重；{(〈正月〉里供(祖像)，(供品)很多，(祭
[pred] (负责祭祀的人家) [pred] [subj] [pred] [subj]

qì hěn jiǎng jiu bài de rén yě hěn duō jì qì yě hěn yào fáng
器)很讲究，〈拜的人〉也很多，祭器也很要〈防
[pred] 〈subj〉 [pred] [subj] [pred] 提防

tōu qù wǒ jiā zhǐ yǒu yì gè máng yuè wǒ men zhè lǐ gěi rén
(偷去)〉。〈我家〉只有〈一个忙月〉({〈我们这里〉〈给人〉
(被) [VERB] 〈subj〉 [pred]

zuò gōng de fēn sān zhǒng zhěng nián gěi yí dìng rén jiā zuò gōng de jiào
(做工)的}分〈三种〉：{(整年)给〈一定人家〉做工的}叫
[VERB] {subj} [pred] {subj} [pred]

cháng gōng àn rì gěi rén zuò gōng de jiào duǎn gōng zì jǐ yě zhòng
(长工)；{〈按日〉〈给人〉做工的}叫(短工)；{自己也(种
{subj} [pred] [VERB]

dì zhǐ zài guò nián guò jié yǐ jí shōu zū shí hou lái gěi yí dìng
地)，只在〈(过年)(过节)以及(收租)〉时候来〈给一定
[VERB] (的) [VERB] [连动式]

rén jiā zuò gōng de chēn máng yuè máng bú guò lái tā biàn duì fù
人家〉做工的}称忙月*)，忙不过来，他便〈对父
[VERB] {subj} [pred] [pred] [subj]

qin shuō kě yǐ jiào tā de ér zi rùn tǔ lái guǎn jì qì de
亲〉说，可以{叫〈他的儿子〉闰土来管祭器}的。
[pred] (他) [pred]$_{sc}$ [VERB] [兼语式] [VERB] [VERB]

wǒ de fù qin yǔn xǔ le wǒ yě hěn gāo xìng yīn wèi
〈我的父亲〉允许了；我也很高兴，因为
〈subj〉 [pred] [subj] [pred]

wǒ zǎo tīng dào rùn tǔ zhè míng zi ér qiě zhī dào tā hé wǒ fǎng
我早(听到){闰土〈这名字〉}，而且知道{他〈和我〉仿
[subj] [pred] [pred] [subj]$_{sc}$ (是)

fú nián jì rùn yuè shēng de wǔ xíng quē tǔ suǒ yǐ tā de
佛年纪，(闰月)生的，(五行)缺土，所以〈他的
[pred]$_{sc}$ (他的) (里)[pred]$_{sc}$

fù qin jiào tā rùn tǔ tā shì néng zhuāng jiàng zhuō xiǎo niǎo què de
父亲〉叫他闰土}。他是能{〈装弶*〉〈捉(小鸟雀)〉}的。
〈subj〉$_{sc}$ [pred]$_{sc}$ [subj] [pred] [VERB] [VERB]

At that time, the family of the first-person narrator was responsible for a large sacrificial ceremony. There was a lot of work to do.

*说是: it is said about somebody or something that...

Runtu's father helped out with the family (he was a so-called *忙月) and offered his son Runtu as an extra hand.

The first-person narrator had heard a lot about this Runtu.

*弶:〈方言〉，捕捉老鼠、雀鸟等的工具。

我於是日日盼望新年，新年到，閏土也就到了。好容易到了年末，有一日，母親告訴我，閏土來了，我便飛跑地去看。他正在廚房裏，紫色的圓臉，頭戴一頂小氈帽，頸上套一個明晃晃的銀項圈，這可見他的父親十分愛他，怕他死去，所以在神佛面前許下願心，用圈子將他套住了。他見人很怕羞，只是不怕我，沒有旁人的時候，便和我說話，於是不到半日，我們便熟識了。

我們那時候不知道談些什麼，只記得閏土很高興，說是上城之後，見了許多沒有見過的東西。

第二日，我便要他捕鳥。他說：

wǒ yú shì rì rì pàn wàng xīn nián xīn nián dào rùn tǔ
我于是(日日)盼望(新年)，新年到，闰土
[subj] [pred] [subj] [pred] [subj]

New Year's Eve approached…

yě jiù dào le hǎo róng yì dào le nián mò yǒu yí rì mǔ
也就到了。好容易〈到了〉(年末)，有一日，母
[pred] [pred] 天 [subj]

qin gào su wǒ rùn tǔ lái le wǒ biàn fēi pǎo de qù kàn
亲告诉我，{闰土〈来了〉}，我便〈(飞跑)地〉去看。
[pred] [subj]$_{sc}$ [pred]$_{sc}$ [subj] [pred][VERB]

… and Runtu finally came.

tā zhèng zài chú fáng lǐ zǐ sè de yuán liǎn tóu dài yì dǐng xiǎo
他正在〈厨房里〉，(紫色)的(圆脸)，头戴{一顶〈小
[subj] [pred] [subj][pred]

The description of his appearance

zhān mào jǐng shàng tào yí gè míng huǎng huǎng de yín xiàng quān zhè kě
(毡帽)〉}，〈颈上〉套〈一个(明晃晃)的(银项圈)〉，这(可
〈subj〉[pred] [subj] [pred]

jiàn tā de fù qin shí fēn ài tā pà tā sǐ qù suǒ yǐ zài
见){〈他的父亲〉十分爱他，怕他(死去)，所以〈在
〈subj〉$_{sc}$ [pred]$_{sc}$ [pred]$_{sc}$ [VERB]

shén fó miàn qián xǔ xià yuàn xīn yòng quān zi jiāng tā tào zhù le
神佛面前〉许下愿心，用圈子〈将他〉(套住)了}。
[pred]$_{sc}$ [pred]$_{sc}$[连动式] [VERB]

tā jiàn rén hěn pà xiū zhǐ shi bú pà wǒ méi yǒu páng rén de
他〈见人〉很(怕羞)，只是不怕我，{〈没有(旁人)〉的
[subj] (的时候) [pred] [pred] [pred]$_{sc}$

Runtu was shy, but not with the same age narrator.

shí hou biàn hé wǒ shuō huà yú shì bú dào bàn rì wǒ men
时候}，便〈和我〉说话，{于是不到(半日)}，我们
[pred] [pred]$_{sc}$ [subj]

biàn shú shi le
便熟识了。
[pred]

wǒ men nà shí hou bù zhī dào tán xiē shén me zhǐ jì de
我们(那时候)不知道谈〈些什么〉，只记得
[subj] [pred] [VERB] 一些 (我) [pred]

It was the first time Runtu had been to a town.

rùn tǔ hěn gāo xìng shuō shi shàng chéng zhī hòu jiàn le xǔ duō méi
{〈闰土很高兴〉，〈说是〉〈(上城)之后〉，〈见了〉〈许多没
[subj]$_{sc}$ [pred]$_{sc}$ (他) [pred]$_{sc/进城}$ [pred]$_{sc}$

yǒu jiàn guo de dōng xi
有〈见过〉的东西〉}。
[VERB]

dì èr rì wǒ biàn yào tā bǔ niǎo tā shuō
〈第二日〉，我便要他〈捕鸟〉。他说：
[subj] [pred][兼语式] ↰[VERB] [subj][pred]

“這不能。須大雪下了纔好。我們沙地上，下了雪，我掃出一塊空地來，用短棒支起一個大竹匾，撒下秕穀，看鳥雀來喫時，我遠遠地將縛在棒上的繩子只一拉，那鳥雀就罩在竹匾下了。什麼都有：稻雞，角雞，鵓鴣，藍背……”

我於是又很盼望下雪。

閏土又對我說：

“現在太冷，你夏天到我們這裏來。我們日裏到海邊撿貝殼去，紅的綠的都有，鬼見怕也有，觀音手也有。晚上我和爹管西瓜去，你也去。”

“管賊麼？”

“不是。走路的人口渴了摘一個瓜喫，

zhè bù néng xū dà xuě xià le cái hǎo wǒ men shā dì
“这不能。{须(大雪)〈下了〉}才好。〈我们(沙地)
[subj] [pred] [pred] [VERB]{subj}mc [pred]mc (在) (的)

shàng xià le xuě wǒ sǎo chū yí kuài kòng dì lái yòng duǎn bàng
上〉，〈下了〉雪，我(扫出)〈一块(空地)〉来，用(短棒)
[subj] [pred] [pred]|连动式|

zhī qǐ yí gè dà zhú biǎn sǎ xià bǐ gǔ kàn niǎo què lái chī
(支起)〈一个大(竹匾)〉，(撒下)(秕谷)，{〈看鸟雀来吃〉
[VERB] [pred] [pred]sc/看到 [VERB] [VERB]

shí wǒ yuǎn yuǎn de jiāng fù zài bàng shǎng de shéng zi zhǐ yì lā
时}，我〈(远远地)〉{将〈(缚在)棒上的绳子〉}只一拉，
[subj] [VERB] [pred]

nā niǎo què jiù zhào zài zhú biǎn xià le shén me dōu yǒu dào jī
〈那鸟雀〉就(罩在)〈竹匾下〉了。什么都有：稻鸡，
〈subj〉 [pred] [subj] [pred]

jiǎo jī bó gū lán bèi
角鸡，鹁鸪，蓝背……”

Runtu told his friend when and how best to catch birds...

wǒ yú shì yòu hěn pàn wàng xià xuě
我于是又很盼望(下雪)。
[subj] [pred]

rùn tǔ yòu duì wǒ shuō
闰土又〈对我〉说：
[subj] [pred]

xiàn zài tài lěng nǐ xià tiān dào wǒ men zhè lǐ lái wǒ
“现在太冷，你夏天到〈我们这里〉来。我
(天) [pred] [subj] [pred] [subj]

men rì lǐ dào hǎi biān jiǎn bèi ké qù hóng de lǜ de dōu yǒu
们(日里)到(海边)〉捡贝壳去，{〈红的〉〈绿的〉}都有，
白天 [pred]|连动式| [VERB] {subj} [pred]

guǐ jiàn pà yě yǒu guān yīn shǒu yě yǒu wǎn shang wǒ hé diē guǎn
(鬼见怕)*也有，(观音手)*也有。晚上〈我和爹〉管
[subj] [pred] [subj] [pred] 〈subj〉 [pred]

xī guā qù nǐ yě qù
(西瓜)去，你也去。”
[subj] [pred]

... and what colourful shells they could find on the beach in summer and how to guard the watermelon fields at night.

*“鬼见怕”(鬼看见了也害怕)、“观音手”(观音的手)：popular names for mussels.

guǎn zéi me
“管贼么？”
[pred]

It was not to protect the harvest from thieves, ...

bú shì zǒu lù de rén kǒu kě le zhāi yí gè guā chī
“不是。〈(走路)的人〉〈(口渴)了〉摘〈一个瓜〉吃，
〈subj〉(如果)[pred] [pred]sc|连动式| [VERB]

我們這裏是不算偷的。要管的是獾豬、刺蝟、猹。月亮底下，你聽，啦啦地響了，猹在咬瓜了。你便捏了胡叉，輕輕地走去……”

我那時並不知道這所謂猹的是怎麼一件東西——便是現在也沒有知道——只是無端地覺得狀如小狗而很兇猛。

“他不咬人麼？”

“有胡叉呢。走到了，看見猹了，你便刺。這畜生很伶俐，倒向你奔來，反從胯下竄了。他的皮毛是油一般的滑……”

我素不知道天下有這許多新鮮事：海邊有如許五色的貝殼；西瓜有這樣危險的經歷，我先前單知道他在水果店裏出賣罷

wǒ men zhè lǐ shì bú suàn tōu de yào guǎn de shì huān zhū cì
‹我们这里›是不算偷的。‹要管的›是獾猪、刺
(这在) 是… [pred] [VERB]…的 ‹subj›

… but from animals.

wei chá yuè liang dǐ xia nǐ tīn lā lā de xiǎng le
猬、猹。‹月亮底下›，你听，‹‹啦啦›地›‹响了›，
[subj] [pred] [pred]

An animal Runtu called 猹 was particularly cunning.

chá zài yǎo guā le nǐ biàn niē le hú chā qīng qīng de zǒu
猹在咬瓜了。你便‹捏了›‹胡叉*›，‹‹轻轻›地›走
[subj] [pred] [subj] [pred] [pred]

*胡叉: probably a steel fork. [胡 indicates a foreign origin, as well as in 胡椒 (pepper).]

qù
去……”

wǒ nà shí bìng bù zhī dào zhè suǒ wèi chá de shì zěn me yí
我那时并不知道{‹这所谓猹的›是怎么‹一
[subj]$_{mc}$ [pred]$_{mc}$ ‹subj› [pred]

jiàn dōng xi biàn shì xiàn zài yě méi yǒu zhī dào zhǐ shì
件东西›}——便是现在也没有知道——只是
(我)就 不 [pred]

wú duān de jué de zhuàng rú xiǎo gǒu ér hěn xiōng měng
‹无端地›觉得{状如‹小狗›而很凶猛}。
[pred] (它) [pred]$_{sc}$ [pred]$_{sc}$

tā bù yǎo rén me
“他不咬人么？”
[subj] [pred]

yǒu hú chā ne zǒu dào le kàn jiàn chá le nǐ biàn
“有胡叉呢。‹走到›了，看见猹了，你便
[pred] [pred] [pred] [subj]

Runtu described how clever the badger was.

cì zhè chù sheng hěn líng lì dǎo xiàng nǐ bēn lái fǎn cóng kuà
刺。‹这畜生›很伶俐，倒‹向你›奔来，反‹从胯
[pred] ‹subj› [pred] 反倒 [pred]

xià cuàn le tā de pí máo shì yóu yì bān de huá
下›窜了。‹他的皮毛›是‹油一般的›滑……”
[pred]$_{窜走}$ ‹subj› ↑[emphasizing] [pred]

wǒ sù bù zhī dào tiān xià yǒu zhè xǔ duō xīn xiān shì hǎi
我素不知道{天下有‹这许多‹新鲜事››}：‹海
[subj]向来 [pred] [subj]$_{sc}$ [pred]$_{sc}$ [subj]

Through his friend's stories, the first-person narrator got to know a colourful world that was alien to him.

biān yǒu rú xǔ wǔ sè de bèi ké xī guā yǒu zhè yàng wēi xiǎn de
边›有‹如许‹五色›的贝壳›；西瓜有‹这样危险的
[pred] 如此 五彩 ‹subj› [subj] [pred]

jīng lì wǒ xiān qián dān zhī dào tā zài shuǐ guǒ diàn lǐ chū mài bà
经历›，我先前单知道{他‹在‹水果店›里›出卖}罢
[subj]$_{mc}$ 只 [pred]$_{mc}$ [subj]$_{sc}$ [pred]$_{sc}$

了。

“我們沙地裏，潮汛要來的時候，就有許多跳魚兒只是跳，都有青蛙似的兩個腳……”

啊！閏土的心裏有無窮無盡的希奇的事，都是我往常的朋友所不知道的。他們不知道一些事，閏土在海邊時，他們都和我一樣只看見院子裏高牆上的四角的天空。

可惜正月過去了，閏土須回家裏去，我急得大哭，他也躲到廚房裏，哭着不肯出門，但終於被他父親帶走了。他後來還托他的父親帶給我一包貝殼和幾枝很好看的鳥毛，我也曾送他一兩次東西，但從此沒有再見面。

le
了。

wǒ men shā dì lǐ　cháo xùn yāo lái de shí hou　jiù yǒu
“〈我们沙地里〉，{〈潮汛要来的〉时候}，就有
〈subj〉　[subj]$_{SC}$　[pred]$_{SC}$　[兼语式][pred]

xǔ duō tiào yú er zhǐ shi tiào　dōu yǒu qīng wā shì de liǎng gè jiǎo
〈许多(跳鱼儿)〉只是跳，都有{〈青蛙似的〈两个脚〉}
[VERB]（它们）[pred]　只

……”

There were even fish that had feet!

à　rùn tǔ de xīn li yǒu wú qióng wú jìn de xī qí de
啊！〈闰土的心里〉有〈(无穷无尽)的希奇的
〈subj〉[pred]

shì　dōu shì wǒ wǎng cháng de péng you suǒ bù zhī dào de　tā men
事〉，都是{〈我往常的朋友〉所不知道的}。他们
（这些事）[pred]　〈subj〉$_{SC}$　[pred]$_{SC}$　[subj]

bù zhī dào yì xiē shì　rùn tǔ zài hǎi biān shí　tā men dōu hé
不知道〈一些事〉，〈闰土在海边〉时，他们都〈和
[pred]　[subj]$_{SC}$ [pred]$_{SC}$　[subj]

wǒ yí yàng zhǐ kàn jiàn yuàn zi lǐ gāo qiáng shàng de sì jiǎo de tiān kōng
我一样〉只看见{〈院子里〉〈(高墙)上〉的(四角)的天空}。
[pred]

The first-person narrator now saw how cramped his own world was.

kě xī zhēng yuè guò qu le　rùn tǔ xū huí jiā lǐ qù
可惜正月过去了，闰土须回家里去，
[subj]　[pred]　[subj]　[pred] [VERB]

wǒ jí de dà kū　tā yě duǒ dào chú fáng lǐ　kū zhe bù kěn
我急得(大哭)，他也(躲到)〈厨房里〉，〈哭着〉不肯
[subj][pred]　[VERB]　[subj]　[pred]　[VERB]　[pred]

chū mén　dàn zhōng yú bèi tā fù qin dài zǒu le　tā hòu lái hái
(出门)，但终于{被〈他父亲〉}(带走)了。他后来还
[VERB]　（的）　[pred]　[subj]

tuō tā de fù qin dài gěi wǒ yì bāo bèi ké hé jǐ zhī hěn hǎo kàn
托〈他的父亲〉(带给)我{〈一包贝壳〉和〈几枝很好看
[pred][兼语式]　[VERB]

de niǎo máo　wǒ yě zéng sòng tā yì liǎng cì dōng xi　dàn cóng cǐ
的(鸟毛)〉}，我也曾送他〈一两次〉东西，但从此
[subj]　[pred]

méi yǒu zài jiàn miàn
没有再见面。
[pred]

The Spring Festival ended and the friends had to part.

The contact had stayed for a while, but they never saw each other again.

現在我的母親提起了他，我這兒時的記憶，忽而全都閃電似的蘇生過來，似乎看到了我的美麗的故鄉了。我應聲說：

“這好極！他，——怎樣？……”

“他？……他景況也很不如意……”母親說著，便向房外看，“這些人又來了。說是買木器，順手也就隨便拿走的，我得去看看。”

母親站起身，出去了。門外有幾個女人的聲音。我便招宏兒走近面前，和他閑話：問他可會寫字，可願意出門。

“我們坐火車去麽？”

“我們坐火車去。”

“船呢？”

“先坐船，……”

xiàn zài wǒ de mǔ qin tí qǐ le tā wǒ zhè ér shí de
现在〈我的母亲〉〈提起了〉他，{我〈这儿时的
〈subj〉 [pred]

jì yì hū ér quán dōu shǎn diàn shì de sū shēng guò lái sì hū
记忆〉}，忽而全都〈闪电似的〉苏生过来，似乎
{subj} [pred]苏醒 (我)

kàn dào le wǒ de měi lì de gù xiāng le wǒ yìng shēng shuō
〈〈看到〉了〉〈我的美丽的故乡〉了。我应声说：
[pred] [subj] [pred]

Through the vivid memory of the friend, the first-person narrator now believed that his childhood had returned.

zhè hǎo jí tā zěn yàng
"这好极！他，——怎样？……"
[subj][pred] [subj] [pred]

tā tā jǐng kuàng yě hěn bù rú yì mǔ qin shuō
"他？……〈他景况〉也很不如意……"母亲〈说
[subj] (的)〈subj〉 [pred] [subj] [pred]

zhe biàn xiàng fáng wài kàn zhè xiē rén yòu lái le shuō shì mǎi
着〉，便〈向〈房外〉〉看，"〈这些人〉又〈来了〉。说是〈买
[pred] 〈subj〉 [pred] (他们)[pred] [VERB]

mù qì shùn shǒu yě jiù suí biàn ná zǒu de wǒ děi qù kàn kan
〈木器〉〉，顺手也就随便〈拿走〉的，我得〈去〈看看〉〉。"
[pred] [subj][pred][VERB] [VERB]

The mother knew that Runtu wasn't doing very well, but she was interrupted by having to check that everything was okay.

mǔ qin zhàn qǐ shēn chū qù le mén wài yǒu jǐ gè nǚ
母亲〈站起身〉，〈出去〉了。〈门外〉有{〈几个女
[subj] [pred] [pred] [subj] [pred]

rén de shēng yīn wǒ biàn zhāo hóng ér zǒu jìn miàn qián hé tā xián
人〉的声音}。我便招宏儿〈走近〉面前，〈和他〉〈闲
[subj] [pred][兼语式] [VERB] [pred]

huà wèn tā kě huì xiě zì kě yuàn yì chū mén
话〉：问他{〈可会〈写字〉〉，〈可愿意出门〉}。
闲聊 [pred] [VERB][VERB] [VERB] [VERB]

wǒ men zuò huǒ chē qù me
"我们坐火车去么？"
[subj] [pred][连动式] [VERB]

The first-person narrator chatted with his nephew.

wǒ men zuò huǒ chē qù
"我们坐火车去。"

chuán ne
"船呢？"
[subj]

xiān zuò chuán
"先坐船，……"
(我们) [pred]

“哈！這模樣了！鬍子這麼長了！”一種尖利的怪聲突然大叫起來。

我喫了一嚇，趕忙擡起頭，卻見一個凸顴骨，薄嘴唇，五十歲上下的女人站在我面前，兩手搭在髀間，沒有繫裙，張着兩腳，正像一個畫圖儀器裏細腳伶仃的圓規。

我愕然了。

“不認識了麼？我還抱過你咧！”

我愈加愕然了。幸而我的母親也就進來，從旁說：

“他多年出門，統忘卻了。你該記得罷，”便向著我說，“這是斜對門的楊二嫂，……開豆腐店的。”

hà zhè mú yàng le hú zi zhè me cháng le yì zhǒng
"哈！〈这模样〉了！ 胡子这么长了！"〈一种
[subj] [pred]

jiān lì de guài shēng tū rán dà jiào qǐ lai
尖利的（怪声〉〉突然（大叫）起来。
〈subj〉 [pred]

The first-person narrator heard a shrill voice.

wǒ chī le yí xià gǎn máng tái qǐ tóu què jiàn yí gè
我〈吃了〉一吓*，赶忙抬起头，却见{一个
[subj] [pred] 惊 [pred] [pred] [兼语式]

*吃惊

tū quán gǔ bó zuǐ chún wǔ shí suì shàng xià de nǚ rén zhàn zài
〈凸颧骨，薄嘴唇，（五十）岁上下〉的女人}（站在）
[VERB]

wǒ miàn qián liǎng shǒu dā zài bì jiān méi yǒu jì qún zhāng zhe
〈我面前〉，〈两手〉（搭在）髀间，没有系裙，〈张着〉
(的) 〈subj〉 [pred] [pred] [pinyin!] [pred]

liǎng jiǎo zhèng xiàng yí gè huà tú yí qì lǐ xì jiǎo líng dīng de yuán
〈两脚〉，正像一个{〈（画图仪器）里〉（细脚）伶仃的}圆
(的)

guī
规。

This description of a 50-year-old woman is also one of the highlights of Chinese literature.

wǒ è rán le
我愕然了。
[subj] [pred]

bú rèn shi le me wǒ huán bào guo nǐ liē
"不认识了么？我还〈抱过〉你咧！"
(你) [pred] (我) [subj] [pred]

wǒ yù jiā è rán le xìng ér wǒ de mǔ qin yě jiù jìn
我愈加愕然了。幸而〈我的母亲〉也就进
[subj] 更加 [pred] 〈subj〉 [pred]

lái cóng páng shuō
来，从旁说：
旁边 [pred]

But he couldn't remember the woman…

tā duō nián chū mén tǒng wàng què le nǐ gāi jì de ba
"他（多年）出门，统忘却了。你该记得吧，"
[subj] [pred] 统统/全部 [pred] [subj] [pred] [VERB]

biàn xiàng zhe wǒ shuō zhè shì xié duì mén de yáng èr sǎo
便{〈向着〉我}说，"这是〈〈斜对门）的（杨二嫂〉〉，……
(母亲) [pred] [subj] [pred]

kāi dòu fu diàn de
开（豆腐店）的。"
[VERB]

… who once owned a tofu shop.

哦，我記得了。我孩子時候，在斜對門的豆腐店裏確乎終日坐着一個楊二嫂，人都叫伊“豆腐西施”。但是擦着白粉，顴骨沒有這麼高，嘴唇也沒有這麼薄，而且終日坐着，我也從沒有見過這圓規式的姿勢。那時人說：因為伊，這豆腐店的買賣非常好。但這大約因為年齡的關係，我卻並未蒙著一毫感化，所以竟完全忘卻了。然而圓規很不平，顯出鄙夷的神色，彷彿嗤笑法國人不知道拿破崙，美國人不知道華盛頓似的，冷笑說：

“忘了？這真是貴人眼高。……”

“哪有這事……我……”我惶恐着，站起來說。

é wǒ jì de le wǒ hái zi shí hou zài xié duì
哦，我记得了。{我〈孩子时候〉}，{在〈斜对
[subj] [pred]想起来

mén de dòu fu diàn lǐ què hū zhōng rì zuò zhe yí gè yáng èr sǎo
门的豆腐店〉里}确乎(终日)〈坐着〉〈一个杨二嫂〉，
确实 整天 [pred] 〈subj〉

rén dōu jiào yī dòu fu xī shī dàn shì cā zhe bái fěn quán
人都叫伊“(豆腐西施*)”。但是〈擦着〉(白粉)，颧
[subj] [pred] ↰[antiquated]她 (她) [pred]

gǔ méi yǒu zhè me gāo zuǐ chún yě méi yǒu zhè me báo ér qiě
骨没有这么高，嘴唇也没有这么薄，而且
[subj] [pred] [subj] [pred][pinyin!]

zhōng rì zuò zhe wǒ yě cóng méi yǒu jiàn guo zhè yuán guī shì de zī
(终日)〈坐着〉，我也从没有〈见过〉〈这(圆规式)的姿
[pred] [subj] [pred] (个)

shì nà shí rén shuō yīn wèi yī zhè dòu fu diàn de mǎi mai
势〉。那时人说：〈因为伊〉，{〈这豆腐店〉的(买卖)}
[subj][pred] {subj}SC

fēi cháng hǎo dàn zhè dà yuē yīn wèi nián líng de guān xi wǒ què
非常好。但这大约{因为〈年龄的关系〉}，我却
[pred]SC ↰[topic] [subj]

bìng wèi méng zháo yì háo gǎn huà suǒ yǐ jìng wán quán wàng què le
并未蒙着〈(一毫)感化〉，所以竟完全忘却了。
[pred]受到 一丝/一点 跟外界接触而动心 [pred]

rán ér yuán guī hěn bù píng xiǎn chū bǐ yí de shén sè fǎng fú
然而圆规很不平，显出〈鄙夷的神色〉，仿佛
[subj]杨二嫂 [pred] [pred]

chī xiào fǎ guó rén bù zhī dào ná pò lún měi guó rén bù zhī dào
嗤笑{〈(法国人)不知道拿破仑〉，〈(美国人)不知道
[pred][兼语式] [VERB] Napoleon [VERB]

huá shèng dùn shì de lěng xiào shuō
华盛顿〉}似的，(冷笑)说：
Washington [pred]

wàng le zhè zhēn shì guì rén yǎn gāo
“〈忘了〉？这真是〈(贵人)(眼高)〉。……”
(你) [pred] [subj]确实[pred] [subj]SC [pred]SC

nǎ yǒu zhè shì wǒ wǒ huáng kǒng zhe zhàn qǐ
“哪有〈这事〉……我……”我〈惶恐着〉，(站起
[pred] [subj] [subj] [pred] [pred][连动式]

lai shuō
来)说。
[VERB]

She was called “Tofu Beauty.”

*西施: born around 506 BC, was one of the four beauties of ancient China. [*The expression 豆腐西施 is ambiguous here. In the Yangtze Delta, there is an expression 吃豆腐 (to eat tofu) which also means” to exploit someone” or even “to molest a woman”. The first-person narrator was at that time too small to understand what Tofu Beauty allowed the customers to do to her so that the business went well.*]

The Tofu Beauty was offended not to be recognized immediately.

The first-person narrator was unsettled.

“那麼，我對你說。迅哥兒，你闊了，搬動又笨重，你還要什麼這些破爛木器，讓我拿去罷。我們小戶人家，用得着。”

“我並沒有闊哩。我須賣了這些，再去……”

“啊呀呀，你放了道臺了，還說不闊？你現在有三房姨太太；出門便是八擡的大轎，還說不闊？嚇，什麼都瞞不過我。”

我知道無話可說了，便閉了口，默默地站着。

“啊呀啊呀，真是愈有錢，便愈是一毫不肯放鬆，愈是一毫不肯放鬆，便愈有錢……”圓規一面憤憤地回轉身，一面絮絮地說，慢慢向外走，順便將我母親的一副手

nà me wǒ duì nǐ shuō xùn gē -r nǐ kuò le
“那么，我对你说。迅哥儿，你阔了，
[subj] [pred] [subj] [pred]

bān dòng yòu bèn zhòng nǐ hái yào shén me zhè xiē pò làn mù qì
搬动又笨重，你还要什么这些破烂木器，
[pred] (起来) [subj] [pred]

ràng wǒ ná qù ba wǒ men xiǎo hù rén jiā yòng de zháo
让我拿去吧。我们小户人家，用得着。”
[pred] [兼语式] [VERB] (subj) [pred] [pinyin!]

The Tofu Beauty tried with all means to get something without paying for it.

wǒ bìng méi yǒu kuò li wǒ xū mài le zhè xiē zài
“我并没有阔哩。我须卖了这些，再
[subj] [pred] [subj] [pred] [VERB]

qù
去……”
[pred]

ā ya ya nǐ fàng le dào tái le hái shuō bú kuò
“啊呀呀，你放了道台*了，还说不阔？
[subj] [pred] [pred]

nǐ xiàn zài yǒu sān fáng yí tài tai chū mén biàn shì bā tái de dà
你现在有三房姨太太；出门便是八抬的大
[subj] [pred] (如果) [pred]SC (坐)

jiào hái shuō bú kuò hè shén me dōu mán bú guò wǒ
轿**，还说不阔？吓，什么都瞒不过我。”
[pred] [pinyin!] (你) [pred]

*放道台：(绍兴方言)，做大官。

**八抬大轿：八个人抬着走的大轿子，表明身分重要。

wǒ zhī dào wú huà kě shuō le biàn bì le kǒu mò mò
我知道无话可说了，便闭了口，默默
[subj] [pred] 没有 可以 [pred] 嘴

de zhàn zhe
地站着。
[pred]

The first-person narrator didn’t know how to answer and remained silent without giving in.

ā ya ā ya zhēn shi yù yǒu qián biàn yù shì yì háo
“啊呀啊呀，真是愈有钱，便愈是一毫
(你) [pred] 一点

bù kěn fàng sōng yù shì yì háo bù kěn fàng sōng biàn yù yǒu qián
不肯放松，愈是一毫不肯放松，便愈有钱
[pred] [VERB] [pred] [VERB] [pred]

yuán guī yí miàn fèn fèn de huí zhuǎn shēn yí miàn xù xù de
……”圆规一面愤愤地回转身，一面絮絮地
[subj] [pred]

shuō màn màn xiàng wài zǒu shùn biàn jiāng wǒ mǔ qin de yí fù shǒu
说，慢慢向外走，顺便将我母亲的一副手
[pred] [pred] 把

The Tofu Beauty left the house, but not with empty hands.

套塞在褲腰裏，出去了。

此後又有近處的本家和親戚來訪問我。我一面應酬，偷空便收拾些行李，這樣地過了三四天。

一日是天氣很冷的午後，我喫過午飯，坐着喝茶，覺得外面有人進來了，便回頭去看。我看時，不由地非常出驚，慌忙站起身，迎着走去。

這來的便是閏土。雖然我一見便知道是閏土，但又不是我這記憶上的閏土了。他身材增加了一倍；先前的紫色的圓臉，已經變作灰黃，而且加上了很深的皺紋；眼睛也像他父親一樣，周圍都腫得通紅，這我知道，在海邊種地的人，終日吹着海

tào sāi zài kù yāo lǐ chū qù le
套⟩}⟨塞.在⟩裤腰.里.， 出去.了.。
[pred] [pred]

cǐ hòu yòu yǒu jìn chù de běn jiā hé qīn qi lái fǎng wèn wǒ
此后.又.有⟨⟨近.处⟩的.本家.和.亲戚⟩来.访问.我.。
[pred][兼语式] [VERB] [VERB]

In the following days, the first-person narrator received visitors…

wǒ yí miàn yìng chou tōu kòng biàn shōu shi xiē xíng li zhè yàng de
我.一面.应酬.， 偷空.便.收拾⟨些.行李⟩，⟨这样.地⟩
[subj] [pred] [pred][连动式] [VERB] 一些

guò le sān sì tiān
⟨过.了⟩⟨三.四.天⟩。
[pred]

yí rì shì tiān qì hěn lěng de wǔ hòu wǒ chī guo wǔ fàn
一日.是{⟨天气.很.冷⟩的⟨午.后⟩}， 我⟨吃.过⟩⟨午饭⟩，
(那)[pred] [subj] [pred]

… until one day…

zuò zhe hē chá jué de wài miàn yǒu rén jìn lái le biàn huí tóu
⟨坐.着⟩喝.茶.， 觉得⟨外面.有.人.进来.了⟩， 便⟨回.头⟩
[VERB] [pred] [pred] [pred]SC[兼语式] ↰[VERB] [pred][连动式]

qù kàn wǒ kàn shí bù yóu de fēi cháng chū jīng huāng máng zhàn
去.看.。 我.看.时.， ⟨不由.地⟩非常.出惊， 慌忙.站
[VERB] [VERB] [subj][pred] [pred]吃惊 [pred]

qǐ shēn yíng zhe zǒu qù
起身.， ⟨迎.着⟩走去.。
[VERB] [pred]

zhè lái de biàn shì rùn tǔ suī rán wǒ yí jiàn biàn zhī dào
⟨这.来.的⟩便是闰土.。 虽然.我⟨一.见⟩便.知道.
⟨Subj⟩ [pred] [subj] [pred] [pred]

… Runtu arrived.

shì rùn tǔ dàn yòu bú shi wǒ zhè jì yì shàng de rùn tǔ le
⟨是.闰土⟩， 但.又.不.是⟨我这.记忆.上.的.闰土⟩了.。
(他)[pred]SC (他) [pred] 中

He looked a lot different.

tā shēn cái zēng jiā le yí bèi xiān qián de zǐ sè de yuán liǎn
⟨他.身材⟩⟨增加.了⟩⟨一.倍⟩；⟨先前.的.紫色.的⟨圆.脸⟩⟩，
(的) ⟨subj⟩ [pred] ⟨subj⟩

yǐ jīng biàn zuò huī huáng ér qiě jiā shàng le hěn shēn de zhòu wén
已经.变作⟨灰黄⟩， 而且⟨加上.了⟩⟨很深.的.皱纹⟩；
[pred] [pred]

yǎn jing yě xiàng tā fù qin yí yàng zhōu wéi dōu zhǒng de tōng hóng
眼睛.也.像⟨他.父亲⟩一样.， 周围.都.肿.得.通红.，
[subj] [pred] (的) [pred]

zhè wǒ zhī dào zài hǎi biān zhòng dì de rén zhōng rì chuī zhe hǎi
这.我.知道.， {⟨在.海边.种地⟩的.人}， 终日⟨吹.着⟩⟨海.
[subj] [pred] [VERB] {subj} [VERB]

風，大抵是這樣的。他頭上是一頂破氈帽，身上只一件極薄的棉衣，渾身瑟索着；手裏提着一個紙包和一枝長煙管，那手也不是我所記得的紅活圓實的手，卻又粗又笨而且開裂，像是松樹皮了。

我這時很興奮，但不知道怎麼說才好，只是說：

“啊！閏土哥，——你來了？……”

我接着便有許多話，想要連珠一般湧出：角雞、跳魚兒、貝殼、猹，……但又總覺得被什麼擋着似的，單在腦裏面回旋，吐不出口外去。

他站住了，臉上現出歡喜和淒涼的神情；動着嘴唇，卻沒有作聲。他的態度終

fēng dà dǐ shì zhè yàng de tā tóu shàng shì yì dǐng pò zhān mào
风)，大抵是这样的。〈他(头上〉〉是{一顶〈破毡帽〉}，
[pred] (的) 〈subj〉[pred]

Runtu was poorly dressed.

shēn shang zhǐ yí jiàn jí bó de mián yī hún shēn sè suǒ zhe shǒu
(身上)只〈一件极薄的(棉衣〉〉，浑身〈瑟索着〉；手
[subj] (穿/有) (他) [pred]

lǐ tí zhe yí gè zhǐ bāo hé yì zhī cháng yān guǎn nà shǒu yě bú
里〈提着〉{〈一个(纸包〉〉和〈一枝长烟管〉〉}，〈那手〉也不
[pred] 〈subj〉

shì wǒ suǒ jì de de hóng huo yuán shi de shǒu què yòu cū yòu bèn
是{〈我所记得〉的〈(红活)(圆实〉〉的手}，却又粗又笨
[pred] [VERB] [pred] [pred]

His hands were like dried tree bark.

ér qiě kāi liè xiàng shì sōng shù pí le
而且开裂，像是(松树皮)了。
[pred] [pred]

wǒ zhè shí hěn xīng fèn dàn bù zhī dào zěn me shuō cái hǎo
我这时很兴奋，但不知道{〈怎么说〉才好}，
[subj] [pred] [pred] 〈subj〉sc [pred]sc

The first-person narrator was excited,

zhǐ shi shuō
只是说：
[pred]

ā rùn tǔ gē nǐ lái le
"啊！(闰土哥)，——你来了？……"
[subj][pred]

and called him "Brother".

wǒ jiē zhe biàn yǒu xǔ duō huà xiǎng yào lián zhū yì bān yǒng
我接着便有〈许多话〉，想要〈〈连珠〉一般〉(涌
[subj] [pred][兼语式] [VERB][VERB] 连着的珠子 [VERB]

There was so much he wanted to tell.

chū jiǎo jī tiào yú er bèi ké chá dàn yòu zǒng
出)：角鸡、跳鱼儿、贝壳、猹，……但又总

jué de bèi shén me dǎng zhe shì de shàn zài nǎo lǐ miàn huí xuán
觉得{〈被什么〉〈挡着〉似的，单〈在脑里面〉(回旋)，
[pred] (这些话) [pred]sc 只 [pred]sc

But he couldn't find any words.

tǔ bù chū kǒu wài qù
(吐不出)(口外)去}。
[pred]sc

tā zhàn zhu le liǎn shàng xiàn chū huān xǐ hé qī liáng de shén
他〈〈站住〉了〉，(脸上)(现出){〈欢喜和凄凉〉的神
[subj] [pred] [subj] [pred]

qíng dòng zhe zuǐ chún què méi yǒu zuò shēng tā de tài du zhōng
情}；〈动着〉嘴唇，却没有作声。〈他的态度〉终
(他) [pred] [pred] 〈subj〉

Runtu was both joyful and sad at the same time. He wanted to say something, ...

於恭敬起來了，分明地叫道：

“老爺！……”

我似乎打了一個寒噤；我就知道，我們之間已經隔了一層可悲的厚障壁了。我也說不出話。

他回過頭去說，“水生，給老爺磕頭。”便拖出躲在背後的孩子來，這正是一個廿年前的閏土，只是黃瘦些，頸子上沒有銀圈罷了。“這是第五個孩子，沒有見過世面，躲躲閃閃……”

母親和宏兒下樓來了，他們大約也聽到了聲音。

“老太太。信是早收到了。我實在喜歡得不得了，知道老爺回來……”閏土說。

yú gōng jìng qǐ lai le fēn míng de jiào dào
于恭敬起来了，〈分明地〉(叫道)：
[pred] (他) 清楚 [pred]

lǎo ye
"老爷！……"

wǒ sì hū dá le yí gè hán jìn wǒ jiù zhī dào wǒ
我似乎〈打了〉〈一个寒噤〉；我就知道，我
[subj] [pred] [subj] [pred]

men zhī jiān yǐ jīng gé le yì céng kě bēi de hòu zhàng bì le wǒ
们之间已经〈隔了〉〈一层可悲的厚(障壁)〉了。我
[subj] [pred] [subj]

yě shuō bu chū huà
也(说不出)话。
[pred]

tā huí guo tóu qù shuō shuǐ shēng gěi lǎo ye kē tóu
他〈回过〉头去说，"水生，〈给老爷〉磕头。"
[subj] [pred][连动式] [VERB] [pred]

biàn tuō chū duǒ zài bèi hòu de hái zi lái zhè zhèng shì yí gè niàn
便(拖出)〈(躲在)(背后)的孩子〉来，这(正是)〈一个(廿
[pred] [VERB] [subj] [pred] 二十

nián qián de rùn tǔ zhǐ shì huáng shòu xiē jǐng zi shàng méi yǒu yín
年)前的闰土〉，(只是)(黄瘦)些，〈颈子上〉没有银
(他) [pred] [pred]

quān bà le zhè shì dì wǔ gè hái zi méi yǒu jiàn guo shì miàn
圈罢了。"这是〈第五个孩子〉，没有〈见过〉世面，
[subj][pred] (他) [pred]

duǒ duǒ shǎn shǎn
(躲躲闪闪)……"
[pred]

mǔ qin hé hóng er xià lóu lái le tā men dà yuē yě tīng
〈母亲和宏儿〉(下楼)来了，他们大约也〈(听
〈subj〉 [pred] [subj]

dào le shēng yīn
到)了〉声音。
[pred]

lǎo tài tai xìn shì zǎo shōu dào le wǒ shí zài xǐ huan
"老太太。信是早(收到)了。我实在喜欢
[preceding object] ↑(我) [pred] [subj] [pred] 高兴

de bù dé liǎo zhī dào lǎo ye huí lai rùn tǔ shuō
得不得了，知道老爷回来……"闰土说。
[pinyin!] [pred] $[subj]_{mc}[pred]_{mc}$

… then recalled his social position and addressed his childhood friend with "my Lord".

That frightened the narrator and made him speechless.

Runtu had brought his son with him, who looked amazingly like („正是") his father twenty years ago.

Runtu seemed to be less biased towards the mother of the first-person narrator.

“啊，你怎的這樣客氣起來。你們先前不是哥弟稱呼麼？還是照舊：迅哥兒。”母親高興地說。

“啊呀，老太太真是……這成什麼規矩。那時是孩子，不懂事……”閏土說著，又叫水生上來打拱，那孩子卻害羞，緊緊地只貼在他背後。

“他就是水生？第五個？都是生人，怕生也難怪的；還是宏兒和他去走走。”母親說。

宏兒聽得這話，便來招水生，水生卻鬆鬆爽爽同他一路出去了。母親叫閏土坐，他遲疑了一回，終於就了坐，將長煙管靠在桌旁，遞過紙包來，說：

à nǐ zěn de zhè yàng kè qi qǐ lai nǐ men xiān qián
"啊，你怎的这样客气起来。你们先前
[subj] [pred] [subj]

bú shi gē dì chēng hu me hái shi zhào jiù xùn gē -r mǔ
不是〈哥弟称呼〉么？还是照旧：迅哥儿。"母
[pred] [pred]

qin gāo xìng de shuō
亲〈高兴地〉说。
[subj] [pred]

ā ya lǎo tài tai zhēn shi zhè chéng shén me guī ju
"啊呀，老太太真是……这成什么规矩。
[subj] [subj][pred]

nà shí shì hái zi bù dǒng shì rùn tǔ shuō zhe yòu jiào
那时是孩子，不(懂事)……"闰土〈说着〉，又叫
(我们) [pred] [pred] [subj] [pred] [兼语式][pred]

shuǐ shēng shàng lái dǎ gǒng nā hái zi què hài xiū jǐn jǐn de zhǐ
水生上来(打拱)，〈那孩子〉却害羞，〈(紧紧)地〉只
[VERB] [VERB] 〈subj〉 [pred]

tiē zài tā bèi hòu
(贴在)〈他背后〉。
[pred]

tā jiù shi shuǐ shēng dì wǔ gè dōu shì shēng rén pà
"他就是水生？〈第五个〉？都是(生人)，(怕
[subj] [pred] (孩子)(这里) [pred] (他)[pred]

shēng yě nán guài de hái shi hóng er hé tā qù zǒu zou mǔ qin
生)*也难怪的；还是宏儿〈和他〉去(走走)。"母亲
/[subj]$_{mc}$ [pred]$_{mc}$ [subj] [pred][连动式] [subj]$_{mc}$

shuō
说。
[pred]$_{mc}$

hóng er tīng dé zhè huà biàn lái zhāo shuǐ shēng shuǐ shēng què
宏儿听得〈这话〉，便来〈招水生〉，水生却
[subj] [pred] 听到 [pred] 招呼 [subj]

sōng sōng shuǎng shuǎng tóng tā yí lù chū qù le mǔ qin jiào rùn tǔ zuò
(松松爽爽)〈同他〉(一路)出去了。母亲叫闰土坐，
(地) [pred] [subj] [pred][兼语式] [VERB]

tā chí yí le yì huí zhōng yú jiù le zuò jiāng cháng yān guǎn kào
他〈迟疑了〉一回，终于〈就了〉坐*，〈将长烟管〉(靠
[subj] [pred] 一下 [pred] 就坐 [pred]

zài zhuō páng dì guò zhǐ bāo lái shuō
在)(桌旁)，(递过)纸包来，说：
[pred] [pred]

The mother insisted that the friends call each other as they used to.

However, Runtu thought it was 不成规矩 (not socially correct.).

He introduced his son Shuisheng, who was very shy. [*Note that the son's name contains the character for water.*]

*怕生 is the predicate of the subordinate clause (他) 怕生 and the subject of 难怪.

Shuisheng and the first-person narrator's nephew quickly became fond of each other.

*就坐: to sit down

“冬天沒有什麼東西了。這一點乾青豆倒是自家曬在那裏的，請老爺……”

我問問他的景況。他只是搖頭。

“非常難。第六個孩子也會幫忙了，卻總是喫不夠……又不太平……什麼地方都要錢，沒有定規……收成又壞。種出東西來，挑去賣，總要捐幾回錢，折了本；不去賣，又只能爛掉……”

他只是搖頭；臉上雖然刻着許多皺紋，卻全然不動，彷佛石像一般。他大約只是覺得苦，卻又形容不出，沉默了片時，便拿起煙管來默默地吸煙了。

母親問他，知道他的家裏事務忙，明天便得回去；又沒有喫過午飯，便叫他自

dōng tiān méi yǒu shén me dōng xi le zhè yì diǎn gān qīng dòu
"冬天没有〈什么东西〉了。〈这一点(干青豆)〉
[pred] 〈subj〉 〈subj〉

dào shi zì jiā shài zài nà li de qǐng lǎo ye
倒是〈自家(晒在)那里〉的，请老爷……"
[pred] [subj]sc [pred]sc [pred][兼语式]

wǒ wèn wen tā de jǐng kuàng tā zhǐ shi yáo tóu
我(问问)〈他的景况〉。他只是(摇头)。
[subj] [pred] [subj] [pred]

fēi cháng nán dì liù ge hái zi yě huì bāng máng le què
"非常难。〈第六个孩子〉也会帮忙了，却
(景况) [pred] 〈subj〉 [pred] [VERB]

zǒng shi chī bú gòu yòu bú tài píng shén me dì fang dōu
总是吃不够……又不太平……〈什么地方〉都
[pred] (天下) [pred] 〈subj〉

yào qián méi yǒu dìng guī shōu chéng yòu huài zhòng chū dōng xi
要钱，没有(定规)……收成又坏。(种出)东西
[pred] [pred] [subj] [subj] [pred] (我/人们) [pred]

lái tiāo qù mài zǒng yào juān jǐ huí qián shé le běn bú
来，(挑去)卖，总要捐〈几回〉钱*，〈折了〉本；不
[pred][连动式] [pred][VERB] (结果) [pred] (如果你)

qù mài yòu zhǐ néng làn diao
去卖，又只能(烂掉)……"
[pred][VERB] (种出的东西) [pred]

tā zhǐ shi yáo tóu liǎn shàng suī rán kè zhe xǔ duō zhòu wén
他只是(摇头)；脸上虽然〈刻着〉〈许多皱纹〉，
[subj] [pred] [pred] 〈subj〉

què quán rán bú dòng fǎng fú shí xiàng yì bān tā dà yuē zhǐ shi
却全然不动，仿佛(石像)一般。他大约只是
[pred] [subj]

jué de kǔ què yòu xíng róng bù chū chén mò le piàn shí biàn
觉得苦，却又形容不出，〈沉默了〉片时，便
[pred] [pred] [pred] 片刻

ná qǐ yān guǎn lái mò mò de xī yān le
(拿起)烟管来〈默默地〉(吸烟)了。
[pred][连动式] [VERB]

mǔ qin wèn tā zhī dào tā de jiā lǐ shì wù máng míng
母亲问他，知道{〈他的家里〉事务忙}，明
[subj]mc [pred]mc [pred]mc 〈subj〉 [pred] (他)

tiān biàn děi huí qu yòu méi yǒu chī guo wǔ fàn biàn jiào tā zì
天便得回去；又没有〈吃过〉(午饭)，便叫他自
[pred][pinyin!] [pred] [pred]mc

Runtu brought a little present for his Lord.

The first-person narrator inquired about his situation. Runtu hesitantly explained why the family was so miserable: too many children, bad harvests, political despotism. They obviously suffered from hunger. [*捐钱 here does not mean "to donate money", but "to pay taxes".]

Runtu eventually fell silent.

The mother found out that Runtu had to return home the next day and let him

己到廚下炒飯喫去。

他出去了；母親和我都嘆息他的景況：多子、饑荒、苛稅、兵、匪、官、紳，都苦得他像一個木偶人了。母親對我說，凡是不必搬走的東西，盡可以送他，可以聽他自己去揀擇。

下午，他揀好了幾件東西：兩條長桌，四個椅子，一副香爐和燭臺，一桿擡秤。他又要所有的草灰（我們這裏煮飯是燒稻草的，那灰，可以做沙地的肥料），待我們啟程的時候，他用船來載去。

夜間，我們又談些閒天，都是無關緊要的話；第二天早晨，他就領了水生回去了。

jǐ dào chú xià chǎo fàn chī qù
己⟨到厨下⟩炒饭吃去。
厨房 [VERB] [VERB]

go to the kitchen alone.

tā chū qù le mǔ qin hé wǒ dōu tàn xī tā de jǐng kuàng
他出去了；⟨母亲和我⟩都叹息⟨他的景况⟩：
[subj] [pred] ⟨subj⟩ [pred]

duō zǐ jī huāng kē shuì bīng fěi guān shēn dōu
⟨(多子)、饥荒、(苛税)、兵、匪、官、绅⟩，都
⟨subj⟩

kǔ de tā xiàng yì gè mù ǒu rén le mǔ qin duì wǒ shuō fán
苦得{他像⟨一个(木偶人)⟩了}。母亲⟨对我⟩说，凡
[pred] [subj][pred]$_{SC}$ [subj]$_{MC}$ [pred]$_{MC}$

shì bú bì bān zǒu de dōng xi jǐn kě yǐ sòng tā kě yǐ tīng
是⟨不必搬走的东西⟩，尽可以送他，可以听
[VERB] [VERB] ⟨subj⟩ [pred] [VERB] [pred] [VERB]$_{让}$

The mother suggested leaving the rest of the household to Runtu.

tā zì jǐ qù jiǎn zé
他自己去(拣择)。
[VERB] [VERB]$_{挑拣.选择}$

xià wǔ tā jiǎn hǎo le jǐ jiàn dōng xi liǎng tiáo cháng zhuō
下午，他⟨(拣好)了⟩几件东西：⟨两条长桌⟩，
[subj] [pred]

sì gè yǐ zi yí fù xiāng lú hé zhú tái yì gǎn tái chèng
⟨四个椅子⟩，{一副⟨香炉和烛台⟩}，⟨一杆抬秤⟩。
把 [pinyin!]

Runtu picked out a few items and asked for straw ash, which he needed to fertilize the fields.

tā yòu yào suǒ yǒu de cǎo huī wǒ men zhè lǐ zhǔ fàn shì shāo dào
他又要⟨所有的(草灰)⟩（⟨我们这里(煮饭)⟩是⟨烧(稻
[subj] [pred] [subj]$_{SC}$ [pred]$_{SC}$ [pred]

cǎo de nà huī kě yǐ zuò shā dì de féi liào dài wǒ
草)的，⟨那灰⟩，可以{做⟨(沙地)的肥料⟩}），{⟨待我
⟨subj⟩ [pred] [VERB] [pred]$_{|兼语式|}$

He would come to pick it up later.

men qǐ chéng de shí hou tā yòng chuán lái zǎi qù
们启程⟩的时候}，他用船来(载去)。
[VERB] [subj][pred]$_{|连动式|}$ [VERB]

yè jiān wǒ men yòu tán xiē xián tiān dōu shì wú guān jǐn
(夜间)，我们又谈些闲天，都是⟨(无关紧
[subj] [pred] (谈的) [pred]

yào de huà dì èr tiān zǎo chén tā jiù lǐng le shuǐ shēng huí qu
要)的话⟩；{⟨第二天⟩早晨}，他就⟨领了⟩水生回去
[subj] [pred]$_{|连动式|带着}$ [VERB]

le
了。

又過了九日，是我們啟程的日期。閏土早晨便到了，水生沒有同來，卻只帶着一個五歲的女兒管船隻。我們終日很忙碌，再沒有談天的工夫。來客也不少，有送行的，有拿東西的，有送行兼拿東西的。待到傍晚我們上船的時候，這老屋裏的所有破舊大小粗細東西，已經一掃而空了。

我們的船向前走，兩岸的青山在黃昏中，都裝成了深黛顏色，連着退向船後梢去。

宏兒和我靠着船窗，同看外面模糊的風景，他忽然問道：

“大伯！我們什麼時候回來？”

“回來？你怎麼還沒有走就想回來了。”

yòu guò le jiǔ rì shì wǒ men qǐ chéng de rì qī rùn
又〈过了〉〈九日〉，是{〈我们启程〉的日期}。闰
[pred] (那天)[pred] [subj]$_{sc}$ [pred]$_{sc}$

tǔ zǎo chén biàn dào le shuǐ shēng méi yǒu tóng lái què zhǐ dài zhe
土早晨便〈到了〉，水生没有同来，却只〈带着〉
[subj] [pred] [subj] [pred] (闰土) [pred][兼语式]

yí gè wǔ suì de nǚ ér guǎn chuán zhī wǒ men zhōng rì hěn máng lù
〈一个五岁的女儿〉管船只。我们终日很忙碌，
[VERB] [subj] [pred]

Nine days later, the family was about to leave. And Runtu came with a daughter to pick up the ashes.

zài méi yǒu tán tiān de gōng fu lái kè yě bù shǎo yǒu sòng xíng
再没有〈谈天的工夫〉。来客也不少，有〈送行
[pred] [VERB]聊天 [subj] [pred] [pred] [VERB]

de yǒu ná dōng xi de yǒu sòng xíng jiān ná dōng xi de dài
的〉，有〈拿东西的〉，有〈送行兼拿东西的〉。(待
[pred][VERB] [pred] [VERB] [VERB] 等

This time they couldn't start a conversation.

dào bàng wǎn wǒ men shàng chuán de shí hou zhè lǎo wū lǐ de suǒ yǒu
到)傍晚我们(上船)的时候，{〈这(老屋)里〉的〈所有
[subj]$_{sc}$ [pred]$_{sc}$

pò jiù dà xiǎo cū xì dōng xi yǐ jīng yì sǎo ér kōng le
破旧大小粗细〉东西}，已经(一扫而空)了。
(的) {subj} (被) [pred]

The inventory of the old house was completely dissolved.

wǒ men de chuán xiàng qián zǒu liǎng àn de qīng shān zài huáng
〈我们的船〉(向前)走，〈〈两岸〉的(青山)〉〈在黄
〈subj〉 [pred] 〈subj〉

hūn zhōng dōu zhuāng chéng le shēn dài yán sè lián zhe tuì xiàng chuán hòu
昏中〉，都装成了〈〈深黛〉颜色〉，〈连着〉(退向)〈船后
[pred]装扮 青黑 [VERB] [pred]

shāo qù
梢〉去。

The family travelled the first stretch by boat.

hóng er hé wǒ kào zhe chuán chuāng tóng kàn wài mian mó hu de
〈宏儿和我〉〈靠着〉(船窗)，同看〈外面模糊的
〈subj〉 [pred] [pred]

fēng jǐng tā hū rán wèn dào
风景〉，他忽然(问道)：
[subj] [pred]

dà bó wǒ men shén me shí hou huí lai
“大伯！我们(什么时候)回来？”
[subj] [pred]

huí lai nǐ zěn me huán méi you zǒu jiù xiǎng huí lai le
“回来？你怎么还没有走就想回来了。”
[pred] [subj] [pred] [pred] [VERB]

The nephew asked when he was coming back.

“可是，水生約我到他家玩去咧……”他睜着大的黑眼睛，癡癡地想。

我和母親也都有些惘然，於是又提起閏土來。母親說，那豆腐西施的楊二嫂，自從我家收拾行李以來，本是每日必到的，前天伊在灰堆裏，掏出十多個碗碟來，議論之後，便定說是閏土埋着的，他可以在運灰的時候，一齊搬回家裏去；楊二嫂發見了這件事，自己很以為功，便拿了那狗氣殺（這是我們這裏養雞的器具，木盤上面有着柵欄，內盛食料，雞可以伸進頸子去啄，狗卻不能，只能看着氣死），飛也似的跑了，虧伊裝着這麼高底的小腳，竟跑得這樣快。

kě shi shuǐ shēng yuē wǒ dào tā jiā wán qù liē tā
“可是，水生约我到〈他家〉玩去咧……”他
[subj] [pred] [兼语式] [VERB] [Subj

Because Shuisheng, the son of Runtus, had invited him.

zhēng zhe dà de hēi yǎn jing chī chī de xiǎng
〈睁着〉〈大的黑眼睛〉，〈〈痴痴〉地〉想。
[VERB] [pred]

wǒ hé mǔ qin yě dōu yǒu xiē wǎng rán yú shi yòu tí qǐ
〈我和母亲〉也都有些惘然，于是又提起
〈subj〉 [pred] [pred]

rùn tǔ lái mǔ qin shuō nā dòu fu xī shī de yáng èr sǎo
闰土来。母亲说，〈那豆腐西施的杨二嫂〉，
[subj]$_{mc}$ [pred]$_{mc}$ 〈subj〉

The mother told of an incident before departure in which the Tofu Beauty accused Runtu of theft.

zì cóng wǒ jiā shōu shi xíng li yǐ lái běn shi měi rì bì dào de
自从〈我家收拾行李〉以来，本是每日必到的，
[subj]$_{sc}$ [pred]$_{sc}$ [pred] [VERB]

qián tiān yī zài huī duī lǐ tāo chū shí duō ge wǎn dié lái yì
前天伊〈在〈灰堆〉里〉，〈掏出〉〈十多个〈碗碟〉〉来，议
[subj] [pred]

lùn zhī hòu biàn dìng shuō shì rùn tǔ mái zhe de tā kě yǐ zài
论之后，便定说是{闰土〈埋着〉}的，他可以{在
[pred] 一定要说 [subj]$_{sc}$ [pred]$_{sc}$ [subj]$_{sc}$ [pred]$_{sc}$

yùn huī de shí hou yì qí bān huí jiā lǐ qù yáng èr sǎo fā
〈运灰〉的时候}，一齐〈搬回〉家里去；杨二嫂〈发
[VERB] 一起 [VERB] [subj] [pred]

xiàn le zhè jiàn shì zì jǐ hěn yǐ wéi gōng biàn ná le nā gǒu
见了〉〈这件事〉，自己很以为功，便〈拿了〉〈那狗
发现 (此)← [pred] [pred] [连动式]

qì shā zhè shì wǒ men zhè lǐ yǎng jī de qì jù mù pán shàng
气杀〉（这是{〈我们这里养鸡〉的器具}，〈〈木盘〉上
“死” [subj] [pred] [subj]$_{sc}$ [pred]$_{sc}$

mian yǒu zhe zhà lán nèi chéng shí liào jī kě yǐ shēn jìn jǐng zi
面〉〈有着〉栅栏，内盛食料，鸡可以{〈伸进〉颈子
〈subj〉 [pred] [pred] [pinyin!] [subj] [pred] [VERB]

qù zhuó gǒu què bù néng zhǐ néng kàn zhe qì sǐ fēi yě
去啄}，狗却不能，只能{〈看着〉〈气死〉}），〈飞也
[VERB] [subj] [pred] [pred] [VERB] [VERB]

shì de páo le kuī yī zhuāng zhe zhè me gāo dǐ de xiǎo jiǎo jìng
似的〉跑了，亏伊〈装着〉〈这么高底的小脚〉，竟
[VERB] [subj] [pred]

páo de zhè yang kuài
跑得〈这样快〉。
[pred]

老屋離我愈遠了；故鄉的山水也都漸漸遠離了我，但我卻並不感到怎樣的留戀。我只覺得我四面有看不見的高牆，將我隔成孤身，使我非常氣悶；那西瓜地上的銀項圈的小英雄的影像，我本來十分清楚，現在卻忽地模糊了，又使我非常地悲哀。

母親和宏兒都睡著了。

我躺著，聽船底潺潺的水聲，知道我在走我的路。我想：我竟與閏土隔絕到這地步了，但我們的後輩還是一氣，宏兒不是正在想念水生麼。我希望他們不再像我，又大家隔膜起來……然而我又不願意他們因為要一氣，都如我的辛苦展轉而生活，也不願意他們都如閏土的辛苦麻木而生活，

lǎo wū lí wǒ yù yuǎn le gù xiāng de shān shuǐ yě dōu jiàn
老屋离我愈远了；⟨故乡的山水⟩也都渐
[subj] [pred] 更加 ⟨subj⟩

jiàn yuǎn lí le wǒ dàn wǒ què bìng bù gǎn dào zěn yàng de liú liàn
渐⟨远离了⟩我，但我却并不感到⟨怎样的⟩留恋。
[pred] [subj] [pred]

wǒ zhǐ jué de wǒ sì miàn yǒu kàn bu jiàn de gāo qiáng jiāng wǒ
我只觉得{⟨我四面⟩有⟨⟨看不见⟩的(高墙)⟩}，⟨将我⟩
[subj] [pred] (的)⟨subj⟩$_{sc}$ ↰[pred]|兼语式|sc

gé chéng gū shēn shǐ wǒ fēi cháng qì mèn nā xī guā dì shàng de
(隔成)(孤身)，使我非常气闷；{⟨那西瓜地⟩上的
[VERB] [VERB]|兼语式| [pinyin!]

yín xiàng quān de xiǎo yīng xióng de yǐng xiàng wǒ běn lái shí fēn qīng chǔ
银项圈的小英雄的影像}，我本来十分清楚，
{topic} [subj]$_{sc}$ [pred]$_{sc}$

xiàn zài què hū de mó hu le yòu shǐ wǒ fēi cháng de bēi āi
现在却忽地模糊了，又使我⟨非常地⟩悲哀。
(它) [pred] (这) [pred]|兼语式| [VERB]

mǔ qin hé hóng er dōu shuì zháo le
⟨母亲和宏儿⟩都睡着了。
⟨subj⟩ [pred] ↰[pinyin!]

wǒ tǎng zhe tīng chuán dǐ chán chán de shuǐ shēng zhī dào wǒ
我⟨躺着⟩，听⟨⟨船底⟩潺潺的(水声)⟩，知道{我
[subj] [pred] [pred] [pred] [subj]$_{sc}$

zài zǒu wǒ de lù wǒ xiǎng wǒ jìng yú rùn tǔ gé jué dào zhè
在走⟨我的路⟩}。我想：我竟⟨与闰土⟩隔绝⟨到这
[pred]$_{sc}$ [subj][pred] [subj]$_{sc}$ [pred]$_{sc}$

dì bù le dàn wǒ men de hòu bèi hái shi yí qì hóng er bú
地步⟩了，但⟨我们的后辈⟩还是一气*，宏儿不
⟨subj⟩ [pred] [subj]

shi zhèng zài xiǎng niàn shuǐ shēng me wǒ xī wàng tā men bú zài xiàng wǒ
是正在想念水生么。我希望{⟨他们不再像我⟩，
[pred] [subj]$_{mc}$ [pred]$_{mc}$ [subj] [pred]

yòu dà jiā gé mó qǐ lai rán ér wǒ yòu bú yuàn yì tā men
又大家隔膜起来⟩}……然而我又不愿意{他们
[subj] [pred] [subj]$_{mc}$ [pred]$_{mc}$ [subj]

yīn wèi yào yí qì dōu rú wǒ de xīn kǔ zhǎn zhuǎn ér shēng huó
因为要一气，都⟨如我的辛苦展转⟩而生活}，
[pred]$_{sc}$ [VERB] (这般) 辗转 [pred]

yě bú yuàn yì tā men dōu rú rùn tǔ de xīn kǔ má mù ér shēng huó
也不愿意{他们都⟨如闰土的辛苦麻木⟩而生活}，
[pred]$_{mc}$ [subj] (般) [pred]

The first-person narrator became sad again, but this time not because of the faded memory of his homeland.

He couldn't fall asleep and was thinking about Runtu.

*一气: to understand each other well

But the friendship between his nephew and Runtu's son gave him hope.

也不願意都如別人的辛苦恣睢而生活。他們應該有新的生活，為我們所未經生活過的。

我想到希望，忽然害怕起來了。閏土要香爐和燭臺的時候，我還暗地裏笑他，以為他總是崇拜偶像，什麼時候都不忘卻。現在我所謂希望，不也是我自己手制的偶像麼？只是他的願望切近，我的願望茫遠罷了。

我在朦朧中，眼前展開一片海邊碧綠的沙地來，上面深藍的天空中掛着一輪金黃的圓月。我想：希望本是無所謂有，無所謂無的。這正如地上的路；其實地上本沒有路，走的人多了，也便成了路。

yě bú yuàn yì dōu rú bié rén de xīn kǔ zì suī ér shēng huó tā
也不愿意{都如‹别人的辛苦恣睢›而生活}。他
[pred] (他们) (那般) [pred]$_{sc}$ [subj]

men yīng gāi yǒu xīn de shēng huó wéi wǒ men suǒ wèi jīng shēng huó guo
们应该{有‹新的生活›，为‹我们所未经生活过
[pred] [VERB] ↰[pinyin!]$_{是}$ [VERB]

de
的›}。

He hoped that the younger generation could lead a new, better life.

wǒ xiǎng dào xī wàng hū rán hài pà qǐ lai le rùn tǔ
我(想到)希望，忽然害怕起来了。{闰土
[subj] [pred] [pred] [subj]$_{sc}$

yāo xiāng lú hé zhú tái de shí hou wǒ hái àn dì li xiào tā
要‹香炉和烛台›}的时候，我还(暗地里)笑他，
[pred]$_{sc}$ [subj] [pred]

yǐ wéi tā zǒng shì chóng bài ǒu xiàng shén me shí hou dōu bú wàng què
以为{‹他总是崇拜偶像›，(什么时候)都不忘却}。
[pred] [subj]$_{sc}$ [pred]$_{sc}$ [pred]$_{sc}$

But this hope frightened him at the same time and made him doubt. He doubted Runtu, …

xiàn zài wǒ suǒ wèi xī wàng bù yě shì wǒ zì jǐ shǒu zhì de ǒu
‹现在我所谓希望›，不也是‹我自己(手制)的偶
(的) ‹Subj› [pred] [VERB]

xiàng me zhǐ shi tā de yuàn wàng qiè jìn wǒ de yuàn wàng máng yuǎn
像›么？只是‹他的愿望›切近，‹我的愿望›(茫远)
‹subj› [pred]$_{非常近}$ ‹subj› [pred]

bà le
罢了。

… but also himself.

wǒ zài méng lóng zhōng yǎn qián zhǎn kāi yí piàn hǎi biān bì lǜ
我‹在朦胧中›，眼前展开‹一片海边碧绿
[subj] [pred]

de shā dì lái shàng mian shēn lán de tiān kōng zhōng guà zhe yì lún jīn
的沙地›来，‹上面深蓝的天空中›‹挂着›‹一轮金
[pred]

huáng de yuán yuè wǒ xiǎng xī wàng běn shi wú suǒ wèi yǒu wú
黄的圆月›。我想：希望本是(无所谓)有，无
‹Subj› [subj]$_{mc}$[pred]$_{mc}$ [subj] [pred] [VERB]

suǒ wèi wú de zhè zhèng rú dì shàng de lù qí shí dì shàng běn
所谓无的。这正如‹地上的路›；其实地上本
[pred] [VERB] [subj] [pred]

méi yǒu lù zǒu de rén duō le yě biàn chéng le lù
没有路，‹走的人›‹多了›，也便‹成了›路。
[pred] [subj] ‹subj› [pred] (它) [pred]

He did not give up hope, however.

✎ The passage after 我想 has become a dictum in China. The much quoted short version starts with 其实.

鲁迅

故乡

(Text withot annotation)

故 乡

我冒了严寒，回到相隔二千余里，别了二十余年的故乡去。

时候既然是深冬；渐近故乡时，天气又阴晦了，冷风吹进船舱中，呜呜地响，从蓬隙向外一望，苍黄的天底下，远近横着几个萧索的荒村，没有一些活气。我的心禁不住悲凉起来了。

啊！这不是我二十年来时时记得的故乡？

我所记得的故乡全不如此。我的故乡好得多了。但要我记起他的美丽，说出他的佳处来，却又没有影像，没有言辞了。仿佛也就如此。于是我自己解释说：故乡本也如此，——虽然没有进步，也未必有如我所感的悲凉，这只是我自己心情的改变罢了，因为我这次回乡，本没有什么好心绪。

我这次是专为了别他而来的。我们多年聚族而居的老屋，已经公同卖给别姓了，交屋的期限，只在本年，所以必须赶在正月初一以前，永别了熟识的老屋，而且远离了熟识的故乡，搬家到我在谋食的异地去。

第二日清早晨我到了我家的门口了。瓦楞上许多枯草的断茎当风抖着，正在说明这老屋难免易主的原因。几房的本家大约已经搬走了，所以很寂静。我到了自家的房外，我的母亲早已迎着出来了，接着便飞出了八岁的侄儿宏儿。

我的母亲很高兴，但也藏着许多凄凉的神情，教我坐下，歇息，喝茶，且不谈搬家的事。宏儿没有见过我，远远地对面站着只是看。

但我们终于谈到搬家的事。我说外间的寓所已经租定了，又买了几件家具，此外须将家里所有的木器卖去，再去增添。母亲也说好，而且行李也略已齐集，木器不便搬运的，也小半卖去了，只是收不起钱来。

“你休息一两天，去拜望亲戚本家一回，我们便可以走了。”母亲说。

“是的。”

“还有闰土，他每到我家来时，总问起你，很想见你一回面。我已经将你到家的大约日期通知他，他也许就要来了。”

这时候，我的脑里忽然闪出一幅神异的图画来：深蓝的天空中挂着一轮金黄的圆月，下面是海边的沙地，都种着一望无际的碧绿的西瓜，其间有一个十一二岁的少年，项带银圈，手捏一柄钢叉，向一匹猹尽力地刺去，那猹却将身一扭，反从他的胯下逃走了。

这少年便是闰土。我认识他时，也不过十多岁，离现在将有三十年了；那时我的父亲还在世，家景也好，我正是一个少爷。那一年，我家是一件大祭祀的值年。这祭祀，说是三十多年才能轮到一回，所以很郑重；正月里供祖像，供品很多，祭器很讲究，拜的人也很多，祭器也很要防偷去。我家只有一个忙月（我们这里给人做工的分三种：整年给一定人家做工的叫长工；按日给人做工的叫短工；自己也种地，只在过年过节以及收租时候来给一定人家做工的称忙月），忙不过来，他便对父亲说，可以叫他的儿子闰土来管祭器的。

我的父亲允许了；我也很高兴，因为我早听到闰土这名字，而且知道他和我仿佛年纪，闰月生的，五行缺土，所以他的父亲叫他闰土。他是能装弶捉小鸟雀的。

我于是日日盼望新年，新年到，闰土也就到了。好容易到了年末，有一日，母亲告诉我，闰土来了，我便飞跑地去看。他正在厨房里，紫色的圆脸，头戴一顶小毡帽，颈上套一个明晃晃的银项圈，这可见他的父亲十分爱他，怕他死去，所以在神佛面前许下愿心，用圈子将他套住了。他见人很怕羞，只是不怕我，没有旁人的时候，便和我说话，于是不到半日，我们便熟识了。

我们那时候不知道谈些什么，只记得闰土很高兴，说是上城之后，见了许多没有见过的东西。

第二日，我便要他捕鸟。他说：

“这不能。须大雪下了才好。我们沙地上，下了雪，我扫出一块空地来，用短棒支起一个大竹匾，撒下秕谷，看鸟雀来吃时，我远远地将缚在棒上的绳子只一拉，那鸟雀就罩在竹匾下了。什么都有：稻鸡，角鸡，鹁鸪，蓝背……”

我于是又很盼望下雪。

闰土又对我说：

“现在太冷，你夏天到我们这里来。我们日里到海边捡贝壳去，红的绿的都有，鬼见怕也有，观音手也有。晚上我和爹管西瓜去，你也去。”

“管贼么？”

“不是。走路的人口渴了摘一个瓜吃，我们这里是不算偷的。要管的是獾猪、刺猬、猹。月亮底下，你听，啦啦地响了，猹在咬瓜了。你便捏了胡叉，轻轻地走去……”

我那时并不知道这所谓猹的是怎么一件东西——便是现在也没有知道——只是无端地觉得状如小狗而很凶猛。

“他不咬人么？”

“有胡叉呢。走到了，看见猹了，你便刺。这畜生很伶俐，倒向你奔来，反从胯下窜了。他的皮毛是油一般的滑……”

我素不知道天下有这许多新鲜事：海边有如许五色的贝壳；西瓜有这样危险的经历，我先前单知道他在水果店里出卖罢了。

“我们沙地里，潮汛要来的时候，就有许多跳鱼儿只是跳，都有青蛙似的两个脚……”

啊！闰土的心里有无穷无尽的希奇的事，都是我往常的朋友所不知道的。他们不知道一些事，闰土在海边时，他们都和我一样只看见院子里高墙上的四角的天空。

可惜正月过去了，闰土须回家里去，我急得大哭，他也躲到厨房里，哭着不肯出门，但终于被他父亲带走了。他后来还托他的父亲带给我一包贝壳和几枝很好看的鸟毛，我也曾送他一两次东西，但从此没有再见面。

现在我的母亲提起了他，我这儿时的记忆，忽而全都闪电似的苏生过来，似乎看到了我的美丽的故乡了。我应声说：

“这好极！他，——怎样？……”

“他？……他景况也很不如意……”母亲说著，便向房外看，“这些人又来了。说是买木器，顺手也就随便拿走的，我得去看看。”

母亲站起身，出去了。门外有几个女人的声音。我便招宏儿走近面前，和他闲话：问他可会写字，可愿意出门。

“我们坐火车去么？”

“我们坐火车去。”

“船呢？”

“先坐船，……”

“哈！这模样了！胡子这么长了！”一种尖利的怪声突然大叫起来。

我吃了一吓，赶忙抬起头，却见一个凸颧骨，薄嘴唇，五十岁上下的女人站在我面前，两手搭在髀间，没有系裙，张着两脚，正像一个画图仪器里细脚伶仃的圆规。

我愕然了。

“不认识了么？我还抱过你咧！”

我愈加愕然了。幸而我的母亲也就进来，从旁说：

“他多年出门，统忘却了。你该记得罢，”便向着我说，“这是斜对门的杨二嫂，……开豆腐店的。”

哦，我记得了。我孩子时候，在斜对门的豆腐店里确乎终日坐着一个杨二嫂，人都叫伊“豆腐西施”。但是擦着白粉，颧骨没有这么高，嘴唇也没有这么薄，而且终日坐着，我也从没有见过这圆规式的姿势。那时人说：因为伊，这豆腐店的买卖非常好。但这大约因为年龄的关系，我却并未蒙着一毫感化，所以竟完全忘却了。然而圆规很不平，显出鄙夷的神色，仿佛嗤笑法国人不知道拿破仑，美国人不知道华盛顿似的，冷笑说：

“忘了？这真是贵人眼高。……”

“那有这事……我……”我惶恐着，站起来说。

“那么，我对你说。迅哥儿，你阔了，搬动又笨重，你还要什么这些破烂木器，让我拿去罢。我们小户人家，用得着。”

“我并没有阔哩。我须卖了这些，再去……”

“啊呀呀，你放了道台了，还说不阔？你现在有三房姨太太；出门便是八抬的大轿，还说不阔？吓，什么都瞒不过我。”

我知道无话可说了，便闭了口，默默地站着。

“啊呀啊呀，真是愈有钱，便愈是一毫不肯放松，愈是一毫不肯放松，便愈有钱……”圆规一面愤愤地回转身，一面絮絮地说，慢慢向外走，顺便将我母亲的一副手套塞在裤腰里，出去了。

此后又有近处的本家和亲戚来访问我。我一面应酬，偷空便收拾些行李，这样地过了三四天。

一日是天气很冷的午后，我吃过午饭，坐着喝茶，觉得外面有人进来了，便回头去看。我看时，不由地非常出惊，慌忙站起身，迎着走去。

这来的便是闰土。虽然我一见便知道是闰土，但又不是我这记忆上的闰土了。他身材增加了一倍；先前的紫色的圆脸，已经变作灰黄，而且加上了很深的皱纹；眼睛也像他父亲一样，周围都肿得通红，这我知道，在海边种地的人，终日吹着海风，大抵是这样的。他头上是一顶破毡帽，身上只一件极薄的棉衣，浑身瑟索着；手里提着一个纸包和一枝长烟管，那手也不是我所记得的红活圆实的手，却又粗又笨而且开裂，像是松树皮了。

我这时很兴奋，但不知道怎么说才好，只是说：

“啊！闰土哥，——你来了？……”

我接着便有许多话，想要连珠一般涌出：角鸡、跳鱼儿、贝壳、猹，……但又总觉得被什么挡着似的，单在脑里面回旋，吐不出口外去。

他站住了，脸上现出欢喜和凄凉的神情；动着嘴唇，却没有作声。他的态度终于恭敬起来了，分明地叫道：

“老爷！……”

我似乎打了一个寒噤；我就知道，我们之间已经隔了一层可悲的厚障壁了。我也说不出话。

他回过头去说，“水生，给老爷磕头。”便拖出躲在背后的孩子来，这正是一个廿年前的闰土，只是黄瘦些，颈子上没有银圈吧了。“这是第五个孩子，没有见过世面，躲躲闪闪……”

母亲和宏儿下楼来了，他们大约也听到了声音。

“老太太。信是早收到了。我实在喜欢得不得了，知道老爷回来……”闰土说。

“啊，你怎的这样客气起来。你们先前不是哥弟称呼么？还是照旧：迅哥儿。”母亲高兴地说。

“啊呀，老太太真是……这成什么规矩。那时是孩子，不懂事……”闰土说著，又叫水生上来打拱，那孩子却害羞，紧紧地只贴在他背后。

“他就是水生？第五个？都是生人，怕生也难怪的；还是宏儿和他去走走。”母亲说。

宏儿听得这话，便来招水生，水生却松松爽爽同他一路出去了。母亲叫闰土坐，他迟疑了一回，终于就了坐，将长烟管靠在桌旁，递过纸包来，说：

“冬天没有什么东西了。这一点干青豆倒是自家晒在那里的，请老爷……”

我问问他的景况。他只是摇头。

“非常难。第六个孩子也会帮忙了，却总是吃不够……又不太平……什么地方都要钱，没有定规……收成又坏。种出东西来，挑去卖，总要捐几回钱，折了本；不去卖，又只能烂掉……”

他只是摇头；脸上虽然刻着许多皱纹，却全然不动，仿佛石像一般。他大约只是觉得苦，却又形容不出，沉默了片时，便拿起烟管来默默地吸烟了。

母亲问他，知道他的家里事务忙，明天便得回去；又没有吃过午饭，便叫他自己到厨下炒饭吃去。

他出去了；母亲和我都叹息他的景况：多子、饥荒、苛税、兵、匪、官、绅，都苦得他像一个木偶人了。母亲对我说，凡是不必搬走的东西，尽可以送他，可以听他自己去拣择。

下午，他拣好了几件东西：两条长桌，四个椅子，一副香炉和烛台，一杆抬秤。他又要所有的草灰（我们这里煮饭是烧稻草的，那灰，可以做沙地的肥料），待我们启程的时候，他用船来载去。

夜间，我们又谈些闲天，都是无关紧要的话；第二天早晨，他就领了水生回去了。

又过了九日，是我们启程的日期。闰土早晨便到了，水生没有同来，却只带着一个五岁的女儿管船只。我们终日很忙碌，再没有谈天的工夫。来客也不少，有送行的，有拿东西的，有送行兼拿东西的。待到傍晚我们上船的时候，这老屋里的所有破旧大小粗细东西，已经一扫而空了。

我们的船向前走，两岸的青山在黄昏中，都装成了深黛颜色，连着退向船后梢去。

宏儿和我靠着船窗，同看外面模糊的风景，他忽然问道：

“大伯！我们什么时候回来？”

“回来？你怎么还没有走就想回来了。”

“可是，水生约我到他家玩去咧……”他睁着大的黑眼睛，痴痴地想。

我和母亲也都有些惘然，于是又提起闰土来。母亲说，那豆腐西施的杨二嫂，自从我家收拾行李以来，本是每日必到的，前天伊在灰堆里，掏出十多个碗碟来，议论之后，便定说是闰土埋着的，他可以在运灰的时候，一齐搬回家里去；杨二嫂发见了这件事，自己很以为功，便拿了那狗气杀（这是我们这里养鸡的器具，木盘上面有着栅栏，内盛食料，鸡可以伸进颈子去啄，狗却不能，只能看着气死），飞也似的跑了，亏伊装着这么高底的小脚，竟跑得这样快。

老屋离我愈远了；故乡的山水也都渐渐远离了我，但我却并不感到怎样的留恋。我只觉得我四面有看不见的高墙，将我隔成孤身，使我非常气闷；那西瓜地上的银项圈的小英雄的影像，我本来十分清楚，现在却忽地模糊了，又使我非常地悲哀。

母亲和宏儿都睡着了。

我躺着，听船底潺潺的水声，知道我在走我的路。我想：我竟与闰土隔绝到这地步了，但我们的后辈还是一气，宏儿不是正在想念水生么。我希望他们不再像我，又大家隔膜起来……然而我又不愿意他们因为要一气，都如我的辛苦展转而生活，也不愿意他们都如闰土的辛苦麻木而生活，也不愿意都如别人的辛苦恣睢而生活。他们应该有新的生活，为我们所未经生活过的。

我想到希望，忽然害怕起来了。闰土要香炉和烛台的时候，我还暗地里笑他，以为他总是崇拜偶像，什么时候都不忘却。现在我所谓希望，不也是我自己手制的偶像么？只是他的愿望切近，我的愿望茫远罢了。

我在朦胧中，眼前展开一片海边碧绿的沙地来，上面深蓝的天空中挂着一轮金黄的圆月。我想：希望本是无所谓有，无所谓无的。这正如地上的路；其实地上本没有路，走的人多了，也便成了路。

Please go to the end of the book to read the text in traditional Chinese.

我躺著，聽船底潺潺的水聲，知道我在走我的路。我想：我竟與閏土隔絕到這地步了，但我們的後輩還是一氣，宏兒不是正在想念水生麼。我希望他們不再像我，又大家隔膜起來……然而我又不願意他們因為要一氣，都如我的辛苦展轉而生活，也不願意他們都如閏土的辛苦麻木而生活，也不願意都如別人的辛苦恣睢而生活。他們應該有新的生活，為我們所未經生活過的。

我想到希望，忽然害怕起來了。閏土要香爐和燭臺的時候，我還暗地裏笑他，以為他總是崇拜偶像，什麼時候都不忘卻。現在我所謂希望，不也是我自己手制的偶像麼？只是他的願望切近，我的願望茫遠罷了。

我在朦朧中，眼前展開一片海邊碧綠的沙地來，上面深藍的天空中掛着一輪金黃的圓月。我想：希望本是無所謂有，無所謂無的。這正如地上的路；其實地上本沒有路，走的人多了，也便成了路。

Printed in Great Britain
by Amazon

72983799R00045

故鄉

我冒了嚴寒，回到相隔二千餘裏，別了二十餘年的故鄉去。

時候既然是深冬；漸近故鄉時，天氣又陰晦了，冷風吹進船艙中，嗚嗚地響，從蓬隙向外一望，蒼黃的天底下，遠近横着幾個蕭索的荒村，沒有一些活氣。我的心禁不住悲涼起來了。

啊！這不是我二十年來時時記得的故鄉？

我所記得的故鄉全不如此。我的故鄉好得多了。但要我記起他的美麗，說出他的佳處來，卻又沒有影像，沒有言辭了。彷彿也就如此。於是我自己解釋說：故鄉本也如此，——雖然沒有進步，也未必有如我所感的悲涼，這只是我自己心情的改變罷了，因為我這次回鄉，本沒有什麼好心緒。

我這次是專為了別他而來的。我們多年聚族而居的老屋，已經公同賣給別姓了，交屋的期限，只在本年，所以必須趕在正月初一以前，永別了熟識的老屋，而且遠離了熟識的故鄉，搬家到我在謀食的異地去。

第二日清早晨我到了我家的門口了。瓦楞上許多枯草的斷莖當風抖着，正在說明這老屋難免易主的原因。幾房的本家大約已經搬走了，所以很寂靜。我到了自家的房外，我的母親早已迎着出來了，接着便飛出了八歲的侄兒宏兒。

我的母親很高興，但也藏着許多淒涼的神情，教我坐下，歇息，喝茶，且不談搬家的事。宏兒沒有見過

我，遠遠地對面站着只是看。

但我們終於談到搬家的事。我說外間的寓所已經租定了，又買了幾件傢具，此外須將家裏所有的木器賣去，再去增添。母親也說好，而且行李也略已齊集，木器不便搬運的，也小半賣去了，只是收不起錢來。

『你休息一兩天，去拜望親戚本家一回，我們便可以走了。』母親說。

『是的。』

『還有閏土，他每到我家來時，總問起你，很想見你一回面。我已經將你到家的大約日期通知他，他也許就要來了。』

這時候，我的腦裏忽然閃出一幅神異的圖畫來：深藍的天空中掛着一輪金黃的圓月，下面是海邊的沙地，都種着一望無際的碧綠的西瓜，其間有一個十一二歲的少年，項帶銀圈，手捏一柄鋼叉，向一匹猹儘力地刺去，那猹卻將身一扭，反從他的胯下逃走了。

這少年便是閏土。我認識他時，也不過十多歲，離現在將有三十年了；那時我的父親還在世，家景也好，我正是一個少爺。那一年，我家是一件大祭祀的值年。這祭祀，說是三十多年纔能輪到一回，所以很鄭重；正月裏供祖像，供品很多，祭器很講究，拜的人也很多，祭器也很要防偷去。我家只有一個忙月（我們這裏給人做工的分三種：整年給一定人家做工的叫長工；按日給人做工的叫短工；自己也種地，只在過年過節以及收租時候來給一定人家做工的稱忙月），忙不過來，他便對父親說，可以叫他的兒子閏土

來管祭器的。

我的父親允許了；我也很高興，因為我早聽到閏土這名字，而且知道他和我彷彿年紀，閏月生的，五行缺土，所以他的父親叫他閏土。他是能裝弶捉小鳥雀的。

我於是日日盼望新年，新年到，閏土也就到了。好容易到了年末，有一日，母親告訴我，閏土來了，我便飛跑地去看。他正在廚房裏，紫色的圓臉，頭戴一頂小氈帽，頸上套一個明晃晃的銀項圈，這可見他的父親十分愛他，怕他死去，所以在神佛面前許下願心，用圈子將他套住了。他見人很怕羞，只是不怕我，沒有旁人的時候，便和我說話，於是不到半日，我們便熟識了。

我們那時候不知道談些什麼，只記得閏土很高興，說是上城之後，見了許多沒有見過的東西。

第二日，我便要他捕鳥。他說：

『這不能。須大雪下了纔好。我們沙地上，下了雪，我掃出一塊空地來，用短棒支起一個大竹匾，撒下秕穀，看鳥雀來喫時，我遠遠地將縛在棒上的繩子只一拉，那鳥雀就罩在竹匾下了。什麼都有：稻雞，角雞，鵓鴣，藍背……』

我於是又很盼望下雪。

閏土又對我說：

『現在太冷，你夏天到我們這裏來。我們日裏到海邊撿貝殼去，紅的綠的都有，鬼見怕也有，觀音手

也有。晚上我和爹管西瓜去，你也去。』

『管賊麼？』

『不是。走路的人口渴了摘一個瓜喫，我們這裏是不算偷的。要管的是獾豬、刺蝟、猹。月亮底下，你聽，啦啦地響了，猹在咬瓜了。你便捏了胡叉，輕輕地走去……』

我那時並不知道這所謂猹的是怎麼一件東西——便是現在也沒有知道——只是無端地覺得狀如小狗而很兇猛。

『他不咬人麼？』

『有胡叉呢。走到了，看見猹了，你便刺。這畜生很伶俐，倒向你奔來，反從胯下竄了。他的皮毛是油一般的滑……』

我素不知道天下有這許多新鮮事：海邊有如許五色的貝殼；西瓜有這樣危險的經歷，我先前單知道他在水果店裏出賣罷了。

『我們沙地裏，潮汛要來的時候，就有許多跳魚兒只是跳，都有青蛙似的兩個腳……』

啊！閏土的心裏有無窮無盡的希奇的事，都是我往常的朋友所不知道的。他們不知道一些事，閏土在海邊時，他們都和我一樣只看見院子裏高牆上的四角的天空。

可惜正月過去了，閏土須回家裏去，我急得大哭，他也躲到廚房裏，哭着不肯出門，但終於被他父親帶走

了。他後來還托他的父親帶給我一包貝殼和幾枝很好看的鳥毛，我也曾送他一兩次東西，但從此沒有再見面。

現在我的母親提起了他，我這兒時的記憶，忽而全都閃電似的蘇生過來，似乎看到了我的美麗的故鄉了。我應聲說：

『這好極！他，──怎樣？……』

『他？……他景況也很不如意……』母親說著，便向房外看，『這些人又來了。說是買木器，順手也就隨便拿走的，我得去看看。』

母親站起身，出去了。門外有幾個女人的聲音。我便招宏兒走近面前，和他閑話：問他可會寫字，可願意出門。

『我們坐火車去麼？』

『我們坐火車去。』

『船呢？』

『先坐船……』

『哈！這模樣了！鬍子這麼長了！』一種尖利的怪聲突然大叫起來。

我吃了一嚇，趕忙擡起頭，卻見一個凸顴骨，薄嘴唇，五十歲上下的女人站在我面前，兩手搭在髀間，

沒有繫裙，張着兩腳，正像一個畫圖儀器裏細腳伶仃的圓規。

我愕然了。

『不認識了麼？我還抱過你咧！』

我愈加愕然了。幸而我的母親也就進來，從旁說：

『他多年出門，統忘卻了。你該記得罷，』便向著我說，『這是斜對門的楊二嫂……開豆腐店的。』

哦，我記得了。我孩子時候，在斜對門的豆腐店裏確乎終日坐着一個楊二嫂，人都叫伊『豆腐西施』。但是擦着白粉，顴骨沒有這麼高，嘴唇也沒有這麼薄，而且終日坐着，我也從沒有見過這圓規式的姿勢。那時人說：因為伊，這豆腐店的買賣非常好。但這大約因為年齡的關係，我卻並未蒙著一毫感化，所以竟完全忘卻了。然而圓規很不平，顯出鄙夷的神色，彷彿嗤笑法國人不知道拿破崙，美國人不知道華盛頓似的，冷笑說：

『忘了？這真是貴人眼高。……』

『那有這事……我……』我惶恐着，站起來說。

『那麼，我對你說。迅哥兒，你闊了，搬動又笨重，你還要什麼這些破爛木器，讓我拿去罷。我們小戶人家，用得着。』

『我並沒有闊哩。我須賣了這些，再去……』

『啊呀呀，你放了道臺了，還說不闊？你現在有三房姨太太；出門便是八擡的大轎，還說不闊？嚇，什麼都瞞不過我。』

我知道無話可說了，便閉了口，默默地站着。

『啊呀啊呀，真是愈有錢，便愈是一毫不肯放鬆，愈是一毫不肯放鬆，便愈有錢……』圓規一面憤憤地回轉身，一面絮絮地說，慢慢向外走，順便將我母親的一副手套塞在褲腰裏，出去了。

此後又有近處的本家和親戚來訪問我。我一面應酬，偷空便收拾些行李，這樣地過了三四天。

一日是天氣很冷的午後，我喫過午飯，坐着喝茶，覺得外面有人進來了，便回頭去看。我看時，不由地非常出驚，慌忙站起身，迎着走去。

這來的便是閏土。雖然我一見便知道是閏土，但又不是我這記憶上的閏土了。他身材增加了一倍；先前的紫色的圓臉，已經變作灰黃，而且加上了很深的皺紋；眼睛也像他父親一樣，周圍都腫得通紅，這我知道，在海邊種地的人，終日吹着海風，大抵是這樣的。他頭上是一頂破氈帽，身上只一件極薄的棉衣，渾身瑟索着；手裏提着一個紙包和一枝長煙管，那手也不是我所記得的紅活圓實的手，卻又粗又笨而且開裂，像是松樹皮了。

我這時很興奮，但不知道怎麼說才好，只是說：

『啊！閏土哥，——你來了？……』

我接着便有許多話，想要連珠一般湧出：角雞、跳魚兒、貝殼、猹……但又總覺得被什麽擋着似的，單在腦裏面回旋，吐不出口外去。

他站住了，臉上現出歡喜和凄涼的神情；動着嘴唇，卻沒有作聲。他的態度終於恭敬起來了，分明地叫道：

『老爺！……』

我似乎打了一個寒噤；我就知道，我們之間已經隔了一層可悲的厚障壁了。我也說不出話。

他回過頭去說，『水生，給老爺磕頭。』便拖出躲在背後的孩子來，這正是一個廿年前的閏土，只是黃瘦些，頸子上沒有銀圈罷了。『這是第五個孩子，沒有見過世面，躲躲閃閃……』

母親和宏兒下樓來了，他們大約也聽到了聲音。

『老太太。信是早收到了。我實在喜歡得不得了，知道老爺回來……』閏土說

『啊，你怎的這樣客氣起來。你們先前不是哥弟稱呼麽？還是照舊：迅哥兒。』母親高興地說。

『啊呀，老太太真是……這成什麽規矩。那時是孩子，不懂事……』閏土說著，又叫水生上來打拱，那孩子卻害羞，緊緊地只貼在他背後。

『他就是水生？第五個？都是生人，怕生也難怪的；還是宏兒和他去走走。』母親說。

宏兒聽得這話，便來招水生，水生卻鬆鬆爽爽同他一路出去了。母親叫閏土坐，他遲疑了一回，終於就

了坐，將長煙管靠在桌旁，遞過紙包來，說：

『冬天沒有什麼東西了。這一點乾青豆倒是自家曬在那裏的，請老爺……』

我問問他的景況。他只是搖頭。

『非常難。第六個孩子也會幫忙了，卻總是喫不夠……又不太平……什麼地方都要錢，沒有定規……收成又壞。種出東西來，挑去賣，總要捐幾回錢，折了本；不去賣，又只能爛掉……』

他只是搖頭；臉上雖然刻着許多皺紋，卻全然不動，彷彿石像一般。他大約只是覺得苦，卻又形容不出，沉默了片時，便拿起煙管來默默地吸煙了。

母親問他，知道他的家裏事務忙，明天便得回去；又沒有喫過午飯，便叫他自己到廚下炒飯喫去。

他出去了；母親和我都嘆息他的景況：多子、饑荒、苛稅、兵、匪、官、紳，都苦得他像一個木偶人了。母親對我說，凡是不必搬走的東西，盡可以送他，可以聽他自己去揀擇。

下午，他揀好了幾件東西：兩條長桌，四個椅子，一副香爐和燭臺，一桿擡秤。他又要所有的草灰（我們這裏煮飯是燒稻草的，那灰，可以做沙地的肥料），待我們啟程的時候，他用船來載去。

夜間，我們又談些閒天，都是無關緊要的話；第二天早晨，他就領了水生回去了。

又過了九日，是我們啟程的日期。閏土早晨便到了，水生沒有同來，卻只帶着一個五歲的女兒管船隻。

我們終日很忙碌，再沒有談天的工夫。來客也不少，有送行的，有拿東西的，有送行兼拿東西的。待到傍晚

我們上船的時候，這老屋裏的所有破舊大小粗細東西，已經一掃而空了。

我們的船向前走，兩岸的青山在黃昏中，都裝成了深黛顏色，連着退向船後梢去。

宏兒和我靠着船窗，同看外面模糊的風景，他忽然問道：

『大伯！我們什麼時候回來？』

『回來？你怎麼還沒有走就想回來了。』

『可是，水生約我到他家玩去咧……』他睜着大的黑眼睛，癡癡地想。

我和母親也都有些惘然，於是又提起閏土來。母親說，那豆腐西施的楊二嫂，自從我家收拾行李以來，本是每日必到的，前天伊在灰堆裏，掏出十多個碗碟來，議論之後，便定說是閏土埋着的，他可以在運灰的時候，一齊搬回家裏去；楊二嫂發見了這件事，自己很以為功，便拿了那狗氣殺（這是我們這裏養雞的器具，木盤上面有着柵欄，內盛食料，雞可以伸進頸子去啄，狗卻不能，只能看着氣死），飛也似的跑了，虧伊裝着這麼高底的小腳，竟跑得這樣快。

老屋離我愈遠了；故鄉的山水也都漸漸遠離了我，但我卻並不感到怎樣的留戀。我只覺得我四面有看不見的高牆，將我隔成孤身，使我非常氣悶；那西瓜地上的銀項圈的小英雄的影像，我本來十分清楚，現在卻忽地模糊了，又使我非常地悲哀。

母親和宏兒都睡著了。